KB062919

잠깐 동안 봄이려니

잠깐 동안 봄이려니

역사의 찰나를 사랑으로 뜨겁게 태운 그녀들

이문영 지음

혜화동

차례 ··

2 내 평생의 당신으로 더불어 같이 있기를

3 버들꽃 붉은 자태 잠깐 동안 봄이려니

4 가장 고귀하지만 행복과는 거리가 먼

5 사고처럼 사랑이 불현듯 오다

6 그윽한 꿈에서라도 그대를 만난다면

머리말

 이 책은 네이버의 연애·결혼 판에 '그 시절 그 연애'라는 제목으로 연재했던 글을 일부 모아서 펴낸 것입니다. 여러분이 잘 모를 수도 있는, 혹은 이미 잘 알려진 이야기가 함께 있습니다. 하지만 널리 퍼진 이야기라고 해도 그것이 진실이 아닌 경우도 많습니다. 옛날 일은 적절한 해석이 필요합니다. 그렇지 않으면 전혀 다르게 이해되기도 합니다.

 저는 여기 모은 사랑 이야기의 길잡이가 되어 여러분과 함께 걸어가 보고 싶습니다. 주체적으로 사랑을 지켜 나간 멋진 여성을 중심으로, 절절한 사연을 가진 연인과 부부, 신분과 중매라는 제도 안에서도 자기 사랑을 할 수 있었던 기생, 왕가의 이야기, 그리고 깜짝 놀랄 독특한 사랑과 환상적 세계에서의 사랑까지 모아 보았습니다.

 이 이야기들의 공통점은 사랑밖에 없습니다. 역사 속의 여인은 남자와의 관계 하에서 그 모습을 드러내는 경우가 많았죠. 그래서 마치 여자에게는 사랑만이 모든 것인 양 보이게 하는 면이 있습니다. 하지만 그렇지 않습니다. 모든 사람은 자신의 삶을 살아갑니다. 사랑은 중요하지만 모든 것은 아니죠. 이 책의 이야기 속에서 여자들은 여자들의 삶을 보여 줄 것입니다. 저는 그 안에서 사랑이라는 한 줄기 공통점을 가지고 와서 이 여자들을 가지런히 배열해 보았을 뿐입니다.

오늘날에는 사랑도 과거와는 달라진 것처럼 보입니다. 그것은 사랑이 옛날보다 더 크고 더 넓은 개념으로 변화하기 때문일 뿐입니다. 우리는 변화를 받아들이고 앞으로 나아가기 위해서 옛날 일을 돌아볼 뿐입니다. 그렇게 하나하나 쌓아 올라간 것을 우리는 역사라고 부르는 것이 아닐까 합니다.

이문영

1

여성들이 자진하여 분투한다면!

상록수의 여인

"혼인할 생각은 없어.
나는 평생 농촌 계몽 운동을 할 거야."

최용신과 김학준

함경남도 원산 두남리의 감리교회. 주일학교 회장 김학준은 부회장 최용신보다 한 살 위였다. 오늘은 꼭 용신에게 고백을 해야지, 하고 김학준은 두손을 힘껏 쥐었다.

최용신은 어려서 천연두를 앓아 얼굴이 심하게 얽은 상태였다. 하지만 그런 것은 그녀에게 흠이 되지 않았다. 언제나 꼭 다문 입매로 야무지고 단정한 모습으로 어른들이 늘 칭찬하는 모범생이었다.

최용신은 원산의 민족 학교인 루씨고녀를 다니고 있었다. 당시만 해도 여자가 고등학교를 다니는 것은 드문 일이었다. 심지어 양반들은 자기 집안의 여자들이 학교를 다니지 못하게 해 달라고 사정하기까지 했다. 여자가 공부 많이 해 봐야 소용없다는 것이었다.

최용신은 이미 이때부터 농촌 계몽 운동을 펼칠 것을 다짐하고 있었다. 김학준도 그런 최용신의 결심과 함께하리라 마음을 정했다. 하지만 뜻밖에도 최용신은 김학준의 청혼을 거절했다.

"혼인할 생각은 없어. 나는 평생 농촌 계몽 운동을 할 거야."

김학준도 물러서지 않았다. 계속 최용신을 설득했다.

"혼인하고 함께 농촌에서 살면서 운동을 하면 더 좋지 않겠니?"

그 말에 최용신이 흔들렸다. 자신의 뜻에 동참해 주고, 정성을 다하는 김학준의 마음도 고마웠다.

김학준과 결혼을 결심했지만 집안의 대소사를 결정하는 큰집에서 반대했다. 집안의 격이 낮아서 허락할 수가 없다고 한 것이다. 그러자 김학준이 나섰다. 최용신의 큰집을 찾아가 허락을 받아 내고자 했다. 안 된다는 말을 들었지만 물러나지 않고 계속 찾아갔다. 이 끈질김에 큰아버지도 두 손을 들었다.

1925년, 두남리 감리교회 목사의 주재로 두 사람은 약혼식을 올렸다. 최용신의 나이 열여섯, 루씨고녀 2학년이었다.

김학준은 원산 보광학교를 졸업한 뒤 경성으로 유학을 가고자 했다. 최용신은 그에게 도쿄 유학을 권했다. 김학준은 집안의 반대를 무릅쓰고 최용신의 뜻에 따라 떠났다. 최용신은 수석으로 졸업을 할 때 이렇게 출사표를 던졌다.

"예로부터 우리 조선 여성들은 5000년 동안 어둠 속에 갇혀 사회의 대세는 고사하고, 자기들의 개성조차 망각하고 말았다. 이로 보아 남녀 양성으로 이루어진 이 사회가 남성만의 활동과 노력만으로써 원만한 발전을 기대할 수 없음을 알 것이다. 여기에 교육받은 여성들이 자진하여 자기들의 책임의 분을 지고 분투한다면 비로소 완전한 사회가 건설될 줄로 믿는다. 중등 교육을 받은 우리가 화려한 도시 생활만 동경하고 안일의 생활만 꿈꾸어야 옳을 것인가? 농촌으로 돌아가 문맹 퇴치에 노력해야 옳을 것인가? 거듭 말하노니 우리는 손을 잡고 농촌으로 달려가자."

최용신은 협성여자신학교를 다니면서 황에스더를 따라 황해도 수안에서 농촌 계몽 운동을 시작했다. 1931년에는 학교를 중퇴하고 경기도 수원군 반월면 샘골(현 경기 안산시 상록구 본오동)에서 농촌 계몽 운동을 본격적으로 시작했다. 이때 그녀의 나이 스물셋이었다.

도쿄에 있던 김학준과는 늘 편지를 주고받았다. 그 편지의 양이 궤짝으로 네 개나 되었다고 한다.

처음에 최용신이 샘골에 왔을 때 동네 사람들은 젊은 여자가 뭘 할 수 있겠느냐고 얕잡아 보기만 했다. 그러나 최용신의 헌신적인 봉사 활동에 마을 사람들의 마음이 열리기 시작했다.

"최선생, 국수는 언제 먹여 주나?"

이런 농담을 던지기도 했다.

"약혼자가 있어요. 도쿄에서 돌아오면 결혼할 거예요."

두 사람은 약혼 10년째에 결혼하기로 약속하고 있었다. 최용신은 고된 농촌 활동으로 쇠약해지고 있었다. 하지만 그 와중에도 아직 자신의 공부가 부족하여 더 큰 뜻을 펼치지 못한다고 생각해서 무리한 일본 유학길에 올랐다. 일본에 도착하자 김학준이 달려왔다. 바로 혼인하자고 말했지만 그럴 수는 없었다.

"우리 목표를 이룰 때까지 혼인을 미뤄요."

이번에도 당시 김학준은 최용신의 뜻에 따랐다. 내년에는 꼭 결혼하자고 말하고 약혼반지를 교환했다.

최용신의 일본 유학은 오래가지 못했다. 건강 상태가 안 좋아서 7개월 만에 다시 귀국할 수밖에 없었다. 김학준의 형편도 넉넉지 못해서 일본에서 치료할 수가 없었다. 김학준은 도쿄에 있었고, 최용신은 고베에 있었기 때문에 자주 만날 수도 없었다.

1934년 9월 최용신은 샘골로 돌아갔다. 최용신이 민족정신을 함양하고 있다고 판단한 일본 경찰은 최용신의 샘골 강습소를 수시로 탄압했다. 역경을 이겨 낼 것은 최용신의 헌신뿐이었고, 그 헌신은 최용신의 생명을 갉아먹었다.

결국 최용신은 쓰러지고 말았다. 1935년 1월 23일, 수술까지 했음에도 불구하고 회복하지 못하고 생을 마감했다. 그때 그녀의 유언장에는 다음과 같은 글이 있었다.

"김 군과 약혼한 후 10년 되는 금년 4월부터 민족을 위하야 사업을 같이 하기로 하였는데, 살아나지 못하고 죽으면 어찌하나."

비보를 듣고 달려온 김학준은 최용신의 관을 열어 시신을 안고 통곡했다. 자신의 망토를 벗어 최용신 위에 엎어 주었다.

"날이 너무나 춥소. 이 망토를 걸치고 가시오."

심훈이 쓴 소설 〈상록수〉의 주인공 채영신은 바로 이 최용신을 모델로 한 것이다.

독립운동에 나선 간호사

"상관없습니다. 한평생을 같이 하겠습니다."

박자혜와 신채호

중국 북경의 4월은 무엇을 잡아 삼킬 듯이 검푸른 빛으로 물들어 있었다. 이때가 되면 눈도 뜨기 어려운 황토 비가 쏟아져 검정 옷도 황톳빛이 되는 때인데다가, 이렇게 황토 비가 지나가고 나면 바람 한 점 불지 않는 끔찍한 더위가 찾아왔었다.

1920년 4월, 북경 연경대학교 학생이었던 박자혜는 우당 이회영의 아내 이은숙의 소개로 단재 신채호를 만났다. 박자혜는 24살, 신채호는 41살이었다.

대범한 성격에 달변인 박자혜에게 신채호는 금방 빠져들었다. 박자혜는 대학에 여자 축구 동호회를 만들어 주장을 할 정도로 활달한 여성이었다.

"나는 가정에 등한한 사람이니 미리 그렇게 알고 섭섭히 생각 마시오."

박자혜는 신채호의 얼굴에 드러난 심각한 표정에 압도되었다. 과연 이 남자는 한 가정보다 더 큰 사명을 위해 싸우는 사람이구나, 하는 감동이 그녀를 휘감았다.

"상관없습니다. 한평생을 같이 하겠습니다."

신채호는 역사와 문학에서 이미 두각을 나타내고 있었을 뿐만 아니라 독립운동가로서의 명성도 드높은 사람이었다. 상해 임시정부 수립 때 임시 의정원 의원으로 선출되었으나 이승만의 외교노선에 반대하여 사임한 상태였다.

박자혜가 북경으로 온 이유는 3·1운동에 있었다. 본래 궁녀였던 그녀는 대한제국의 멸망으로 1911년에 자유의 몸이 되었다. 그녀는 숙명여학교에 입학했다. 숙명여대의 전신인 숙명여학교는 고종의 후궁인 엄귀비가 후원해서 설립되었다.

박자혜는 여기서 일어, 한문, 산술, 가사, 재봉, 양재, 자수, 조화, 편물, 도화 등을 공부했다. 졸업 후에는 사립 조산부 양성소에서 산파 훈련을 받았다. 아기를 받는 일을 하는 산파는 당시 여성이 가질 수 있는 몇 안 되는 직업이었다. 직접 조산원을 경영할 수도 있었다.

박자혜는 졸업 후에 조선총독부의원 산부인과에 간호사로 취업했다. 이때까지 박자혜에게 특별한 민족의식이나 독립운동에 대한 의지는 보이지 않았다. 그녀의 변화는 3·1운동과 함께 시작되었다.

시위에서 부상당한 사람들이 병원에 실려오기 시작하면서 박자혜는 식민지인이 어떤 처지에 있는 것이 뼈저리게 느낄 수 있었다.

그녀는 원내 조선인 간호사들과 힘을 합해 '간우회'라는 조직을 만들고 3월 10일 만세 운동에 참여했다. 결국 이 일로 일경에 체포되기까지 하였다. 풀려난 뒤에도 태업을 감행하는 등 항일 운동을 지속하던 박자혜는 결국 병원을 그만둘 수밖에 없었다.

일경에서는 그녀를 '과격하고 언변이 능한 자'라고 평가하기도 했다. 국내에서 머물기 어려워진 그녀는 만주로 달아나서 지인들의 도움으로 교회에서 설립한 북경의 연경대학교 의예과에 입학했다.

사실 신채호는 상해에 있다가 이회영의 부름으로 북경으로 온 참이었다. 이렇게 해서 두 사람은 인연을 맺었다.

신채호는 1895년에 결혼한 몸이었으나, 1910년 중국으로 망명할 때 밭 5마지기를 주고 갈라선 상태였다.

박자혜와 신채호는 2년을 북경에서 지냈으나 도저히 생활을 이어 갈 수 없었다. 그나마 다행히 박자혜는 기술을 가진 여성이었다. 첫 아이를 낳고 둘째를 가진 몸으로 조선으로 돌아가기로 결심했다. 신채호도 아이들이 제 나라말과 풍습을 익혀야 한다고 찬성했다.

박자혜는 서울 인사동에서 '산파 박자혜' 간판을 걸고 조산원을 운영했다. 하지만 수입은 많지 않았고 일경의 감시까지 겹쳐 있는 상황이었다. 이런 상황에서도 박자혜는 의열단에서 보내온 나석주 열사를 도와 서울의 길잡이 역할을 수행하기도 했다.

1928년경, 신채호는 심한 안질을 앓았다. 실명의 위기까지 느낀 신채호는 아내와 아이들을 마지막으로 보고 싶다고 편지를 보냈고, 박자혜는 부랴부랴 북경으로 달려갔다.

신채호는 소맷동냥이라도 해서라도 아이들을 두고 가르치고 싶어 했으나 현실은 냉혹하기만 했다. 불과 한 달 만에 박자혜는 아이들과 함께 서울로 돌아와야 했다. 그리고 그해 10월, 신채호는 체포되었다. 그 8년 후, 여순 감옥에서 의식불명의 위독한 상태의 남편의 얼굴을 잠깐 본 것이 마지막이었다.

박자혜는 둘째 아이 두범이 1942년 영양실조로 사망하자 더 이상 버틸 수 없었던 듯 다음 해에 병고에 시달리다가 숨을 거두고 말았다.

그녀의 애국 활동을 기려 1990년, 건국훈장 애족장이 수여되었다.

한국 최초 여성 서양화가의 사생활

"당시는 아직도 나혜석을
받아들일 수 없는 시대였다."

나혜석

나혜석은 1896년 경기도 수원에서 5남매 중 넷째로 태어났다. 아버지는 사법관을 지내다가 일제 강점 후에는 군수를 지냈다. 나혜석은 이처럼 부유한 집안에서 자라났다.

그녀는 1910년에 진명여학교에 입학했다. 1913년 최우등으로 졸업하고 도쿄여자미술전문학교 서양학과에서 유학했다. 이때 이광수, 염상섭 등과 알게 되었다.

도쿄 유학 시절에 자유주의 여권론에 접했고, 남성과 여성이 동등한 존재여야 한다는 신념을 얻게 되었다. 이런 그녀의 사상은 1918년 3월 재일본동경여자유학생회가 낸 잡지 〈여자계〉에 실린 '경희'라는 소설에 잘 드러나 있다.

이 잡지를 편집할 때 나혜석은 편집 부원, 이광수는 편집 참조원이었다. 이광수의 연인인 허영숙도 편집 부원이었다. 이 두 사람이 도쿄에서 열애를 했다는 소문도 자자한데, 그것이 정말인지는 알수 없다. 이광수는 허영숙에게 편지를 보내 나혜석을 유혹한 적이 없으며 그 점은 나혜석의 오빠인 나경석에게 전달하여 오해하지 말라고 분명히 말했다고 했다. 그러나 이 편지에 나혜석과 교제를 끊었다는 대목이 있어서 오히려 두 사람의 연애를 기정사실화했다는 해석도 있다.

하지만 과연 그럴까? 나혜석은 이런 소문에 대해서 일체 대응하지 않는, 무시 전략을 구사했다. 나혜석의 도쿄 유학 시절에 염상섭과도 사귀었다는 소문이 있다. 그러나 일반적으로 나혜석과 염상섭은 서로 존중하는 사이였던 것으로 본다.

도쿄에서 나혜석은 오빠 나경석의 친구인 시인 최승구(1892~1917)와 사귀었다. 최승구는 당시 풍조대로 조혼을 하고 유학을 온 상태였다. 나경석의 소개로 나혜석과 만나 열애에 빠진 최승구는 고향의 처와는 이혼하고 나혜석과 결혼하겠다고 했으나 집안에서는 결사반대였다. 학비 지원이 끊겼고, 고학을 이어 가던 최승구는 폐결핵에 걸리고 말았다.

어쩔 수 없이 고향으로 돌아간 최승구와 연애편지를 주고받으며 사랑을 속삭여야만 했다. 최승구의 병은 계속 악화되었고, 급기야 나혜석에게 와 주기를 청하는 전보가 왔다.

나혜석은 당시로서는 드물게 혼자 여행에 나서 전남 고흥에 있는 최승구의 집을 찾아갔다. 아침에 도착한 그녀는 오후까지 최승구를 간호하고 어쩔 수 없이 일본으로 돌아가야만 했다. 다음 날 최승구는 숨을 거두었다. 나혜석은 자기가 더 오래 머물렀으면 최승구가 살 수 있지 않았을까 자책하며 미칠 것 같은 심정으로 지내야 했다.

1918년 4월에 귀국한 나혜석은 함흥 영생중학교, 서울 정신여학교에서 미술 교사를 하였다. 교사 생활은 집안에서 강제로 결혼을 시키려 해서 그것을 피하기 위한 방편이었다. 소설 '경희'의 내용과도 일맥상통하는 부분이 있다. 이미 1915년에도 집안에서 강제로 결혼시키려 해서 귀국한 뒤에 여주공립보통학교 교사로 1년을 지낸 바 있었다.

1919년 3·1운동 당시에 김마리아, 김활란, 황애시덕, 박인덕 등과 이화학당 지하실에서 확산 계획을 추친하다가 3월 8일에 체포되었다. 5개월간 옥고를 치르고 증거 불충분으로 풀려났다.

나혜석은 1920년 4월 10일에 10살 연상인 홀아비로 딸도 하나 있는 김우영과 결혼했다. 김우영도 나경석과 친구여서 최승구를 잃고 비통해하고 있던 나혜석을 위로하며 만나게 되었다. 김우영은 교토제국대학 법학부를 졸업했는데, 3·1운동 때 체포된 사람들을 변호하는 과정에서 나혜석과 더욱 친해졌다.

나혜석은 스스로 김우영을 정말 사랑하는지에 자신이 없어서 결혼을 미루다가 결국 승낙하면서 몇 가지 조건을 걸었다. 평생 자신만을 사랑할 것, 그림 그리는 것을 방해하지 말 것, 시어머니와 전처 딸과는 별거할 것이었다. 하지만 이 약속은 지켜지지 않았다.

나혜석은 신혼여행 때 전 애인 최승구의 무덤에 들러서 비석을 세워 주었다. 지금 생각해도 파격적인 일이니 당시에는 엄청난 화제가 되었다. 염상섭은 이 일을 소재로 삼아 '해바라기'(1923)라는 단편 소설을 쓰기도 했다.

나혜석은 1920년에 김일엽, 박인덕, 김활란 등과 〈신여자〉를 창간하고, 〈폐허〉 창간 동인으로도 활동했다. 1922년 유화 개인전을 가졌고, 이후 여성 권리에 대한 운동을 계속해 나갔다.

1923년에는 의열단 사건(황옥 경부 사건)에 관련이 되었다. 의열단원 박기홍(본명 이현준)은 숨기기 곤란했던 단총 하나를 나혜석에게 맡겼다. 그 후 그는 체포되었다가 형을 산 뒤 우연히 나혜석을 길에서 만났는데, 나혜석은 아무도 모르게 보관해 온 총을 다시 건네주었다. 이때 김우영은 안동부영사의 지위에 있으며 의열단의 폭탄 반입에 협조하고 있었다. 이 사건이 탄로 난 뒤 김우영도 조사를 받았지만 무사히 잘 넘길 수 있었다.

나혜석 부부는 1927년 6월에 세계 여행길에 나섰다. 오지 근무에 따른 일제의 포상 행사였다. 이 여행을 나서면서 나혜석은 사람은 어떻게 지내야 잘 사는 건지, 남녀 간 어떻게 살아야 평화스러울지, 여자의 지위는 어떤 것인지 등을 고민했다. 그중 파리에서, 민족 대표 33인이었다가 변절한 3인 중 하나인 최린(1878~1958)과 만난 것이 문제가 되어 1930년 11월에 이혼했다.

최린은 나혜석의 오빠들 나홍석, 나경석과 같이 활동했고, 김우영과도 친했다. 그에게 김우영은 나혜석을 보호해 달라고 부탁하기도 했다. 두 사람은 1927년 10월에 만나서 바로 불타오른 것 같다. 당시 파리 유학생들 사이에 '나혜석은 최린의 작은댁'이라는 말까지 돌았다고 한다. 이때 김우영은 독일에 가 있었다.

11월 20일, 최린의 초청으로 오페라를 관람한 뒤 나혜석의 호텔 방에서 밀회가 이루어졌다. 이 사건은 이광수와의 연애 소문과는 달리 나혜석이 적극적으로 이야기를 했고, 당사자가 되는 최린과 김우영은 아무 이야기도 남기지 않았다. 처음에는 별거를 해서 향후 2년간의 유예 기간을 두어 재결합을 모색해 보자고 했으나 김우영은 곧 다른 여성과 결혼했다.

나혜석은 재산 분할도 받지 못하고 빈 몸으로 쫓겨났다. 그녀는 최린에게 도움을 요청하기도 했지만 최린은 묵묵부답으로 응답하지 않았다.

나혜석은 경제적으로 궁지에 몰리자 결국 최린을 상대로 1934년 9월에 위자료 청구 소송을 내기도 했다. 이 소장에는 최린을 '정조를 유린한 파렴치한'이라고 적고 있다. 그러나 이때 최린은 변절해서 조선총독부 중추원 참의의 자리에 있었다. 그의 권력 때문인지 이 사건은 더 이상 보도되지 않고 묻혀 버렸다.

이 소송은 나혜석이 경제적으로 정말 힘들어서 벌인 일로 보인다. 왜냐하면 나혜석은 이후 파리에서의 추억을 좋은 의미로 많이 발표했기 때문이다.

하지만 당시는 아직 나혜석을 받아들일 수 없는 시대였다. 나혜석은 사회의 이해를 받을 수 없었고, 가족마저 냉대하는 바람에 힘들어했다. 그녀는 그림을 통해서 재기를 노렸지만 언론은 그녀를 외면하고 그녀의 전람회 기사조차 실어 주지 않았다. 전남편 김우영은 아이들을 볼 기회도 주지 않았다. 나혜석이 찾아가면 경찰까지 불러 내쫓았다. 1937년에 김우영의 어머니가 세상을 떴다. 이때 유언으로 아이들을 나혜석에게 보내 친모가 보살피게 하라고 했으나 김우영은 나혜석이 빈소에 오는 것도 거부했다.

　나혜석은 곤궁한 삶을 이어 가며 남편에게 두고 온 자녀를 그리워하다가 1948년 행려병자로 사망했다. 그러나 같이 밀회를 한 최린은 이 일로 어떠한 비난도 받은 바가 없이 친일파로 호의호식을 누렸다.

따끔하게 남편을 가르친 아내

"제게 보답을 바라시는 건가요?"

송덕봉과 유희춘

송덕봉(1521~1578)은 미암 유희춘(1513~1577)의 아내였는데, 남편에게 언제나 솔직하게 말하는 올곧은 성품의 여인이었다.

유희춘은 스물셋 때 여덟 살 연하인 송덕봉과 혼인했다. 2년 후 과거 시험에서 3등으로 합격하고 관직 생활을 하였는데, 명종 즉위 후에 대윤과 소윤의 다툼 속에서 편을 들지 않다가 미움을 받아서 제주도로 유배되고 말았다. 제주도가 고향과 가깝다는 이유로 다시 북쪽 끝인 함경도 종성으로 보내졌다. 유배 중에 어머니가 돌아가셨지만 장례를 치를 수도 없었다.

장례는 며느리인 송덕봉이 치렀는데 주위 사람들이 "묘를 쓰고 제사를 지내니 친자식이라도 이보다 더 할 수는 없을 것이다"라고 칭송할 정도로 지극 정성으로 모셨다. 삼년상을 마친 후 송덕봉은 주위의 만류에도 불구하고 종성으로 남편을 찾아갔다.

유희춘은 선조가 즉위하고 나서야 20년이 넘는 유배 생활이 끝날 수 있었다. 그 후 몇 년간의 관직 생활을 하며 이조참판의 직까지 오른 후에 사직하고 귀향했는데, 2년 후에 유명을 달리했다.

유희춘은 〈미암일기〉라는 일기를 남겼는데 이 안에는 부부 사이의 진솔한 이야기들도 많이 담겨 있어서 송덕봉에 대한 여러 가지 사실을 전해 준다. 시인이기도 했던 송덕봉의 시도 〈미암일기〉 안에 남아 있다.

송덕봉은 유희춘에게 더 넓은 시야를 가지고 겸손함을 지녀야 한다는 이야기를 종종했다. 유희춘이 한양에서 관직에 있을 때 보낸 시에 담양에서 집안을 보살피고 있던 송덕봉이 답한 시를 한번 보자.

(유희춘)

높기로는 여산의 삼천 길이와 같고

맑기는 소상강의 팔구 월과 흡사하네

다시 봄날의 만물 살리는 뜻이 있어

이제 군자의 덕 강하고 부드러움 이뤘네

(송덕봉)

그대 시는 과장되어 겸손함이 없으니

청정함이 어찌 가을의 소상강물 같을까

젊은 시절에 운우의 꿈을 없애 버리니

앞 구절에서는 시가 진솔하지 못하고 과장되었다고 비판하고, 뒷 구절에서는 한참 좋은 시절에 귀양 가서 부부 사이가 멀어졌기에 사물에도 무관심해진 것이라고 꼬집은 것이다. 송덕봉은 남편이 관직에 대한 시를 쓴 것을 보고 이렇게 평한 적도 있었다.

"시는 문장을 짓듯이 직설적으로 해서는 안 됩니다. 산에 오르고 바다를 건너는 등의 말로 시작하여 끝에 가서 벼슬 이야기를 해야 합니다."

비유와 은유를 잘 사용해서 시를 지어야 한다는 이야기고, 유희춘도 그 말에 깜짝 놀라 아내의 말에 따라 다시 시를 지었다.

유희춘이 말년에 송덕봉에게 편지를 보내서 자기가 서너 달 동안 여색을 가까이하지 않고 혼자 잠을 잤다고 자랑을 한 적이 있었다. 송덕봉이 이에 답장을 보내 말했다. 조금 쉽게 고쳐서 써 보면 이렇다.

당신이 큰 은혜를 제게 베푼 것처럼 자랑했는데, 참 감사합니다. 당신이 홀로 몸을 닦은 것은 성현의 가르침을 따른 것인데 아녀자인 제게 보답을 바라시는 건가요? 몸가짐을 깨끗하게 하면 주위 사람들이 모두 다 자연히 알고 칭송의 소리가 나올 것이니 굳이 제게 자랑하지 않아도 될 일입니다. 하지만 당신의 편지는 글자마다 공을 자랑하기가 이만저만이 아닙니다. 이걸 보면 당신은 인의를 지키는 척하면서 남들이 알아주길 바라는 병폐를 가지고 있습니다. 참으로 걱정입니다.

당신은 이미 나이가 많으니 혼자 자면 건강에 좋은 것입니다. 제게 생색낼 일이 아닙니다. 그렇긴 해도 당신은 높은 관직에 있고 주위 사람들이 다 떠받들고 있으니 어쨌든 혼자 서너 달 잔 것은 대단한 일이긴 할 겁니다.

하지만 저도 당신에게 큰 공을 세운 바 있으니 잊지 마셨으면 좋겠습니다. 옛날 당신 어머니가 돌아가셨을 때 사방에 돌봐 주는 사람 하나도 없고, 당신은 만 리 밖에서 하늘을 보고 우는 일밖에 할 수 없었지요. 제가 예법에 따라 상을 치렀습니다. 삼년상을 마치고 당신이 있는 곳으로 간 고생은 이루 말할 수 없죠. 제가 당신에게 이처럼 정성을 다한 일을 두고 잊기 어려운 일이라고 말하는 것입니다. 당신이 몇 달 동안 홀로 잔 것과 제가 했던 일을 비교하면 어느 것이 무겁고 어느 것이 가볍겠습니까?

당신은 잡념을 끊고 기운을 보양해 수명을 늘리는 데 힘써 주세요. 이것만이 제가 밤낮으로 간절히 바라는 바입니다.

유희춘의 자는 인중(仁仲)인데, 송덕봉의 자는 성중(成仲)이었다. 부부가 힘써서 인(仁)을 이루라(成)는 의미를 가졌다. 유희춘은 늘 아내를 존중하였는데, 위 편지를 보고 이렇게 일기에 감상을 남겼다.

부인의 말과 뜻이 다 좋아 감탄을 금할 수 없다.

정경부인에 봉해졌던 송덕봉은 남편이 죽은 후 노령에도 불구하고 예법을 따르다가 결국 건강을 해쳐 다음 해 세상을 떠났다.

기생에서 여성 운동가로

"한번 개량을 해 봐야겠다,
생각해서 조합을 창설하였습니다."

주옥경과 손병희

경성의 인기 요릿집 명월관에 밤이 내렸다. 기생 하나가 나와 풍채 좋은 영감에게 인사를 올렸다.

"주산월입니다."

그 이름에 영감의 눈빛에 이채가 돌았다.

"다동기생조합 향수라는 주산월이 자네인가?"

"그렇습니다, 성사님."

성사님이라 불린 영감은 천도교의 3대 교주, 손병희였다. 앞에 앉은 주산월은 열아홉의 나이로 훗날 조선 권번이 되는 다동기생조합을 만든 여인이었다. 대가 세고 거친 여인일 줄 알았는데 그렇지 않았다. 목소리는 온순하고 마음씨 곱기로도 유명했다.

이 당시 명월관은 일종의 사교 클럽과 같은 곳이었다. 친일파도 들락거렸지만 손병희와 같은 민족 지사들도 이곳에 있었다. 서로는 사이가 나빠 아는 척도 하지 않았다고 한다.

"다동기생조합은 기둥서방이 없는 기생들의 모임이라 들었네. 어쩌다 그런 조직을 만든 건가?"

스물하나밖에 되지 않은 앳된 모습의 주산월은 손병희의 위엄 어린 모습에도 전혀 떨지 않고 차분하게 대답했다.

"저는 어릴 때 평양에서 기생이 되었습니다. 서울로 올라와 보니 기생들이 기둥서방한테 모든 것을 다 바치는 풍조에 기둥서방이 없는 기생들을 얕잡아 보기만 하니, 기왕 기생 노릇을 할 바에는 한번 개량을 해 봐야겠다, 생각해서 조합을 창설하였습니다."

"반대 또한 만만치 않았을 것인데?"

"주제넘은 짓을 한다고 욕도 좀 먹었습니다."

손병희가 수염을 쓰다듬으며 물었다.

"노래를 잘한다고 하던데?"

"악기도 좀 다룹니다."

주산월은 가야금을 뜯으며 평양 기생이 즐겨 부르는 수심가를 불렀다. 과연 장안에 이름을 떨칠 만한 목소리요, 곡조였다. 손병희는 눈을 지그시 감고 노래를 감상했다.

"그림도 잘한다고 들었는데, 혹 보여 줄 수 있겠는가?"

"변변찮은 재주로 눈을 어지럽힐 것 같습니다."

말은 그렇게 했지만 주산월은 금방 화구를 펼쳐 놓고 붓을 잡았다. 붓놀림이 마치 구름을 날아오르듯 경쾌했다. 기러기가 갈대밭에 날아드는 노안도(蘆雁圖) 한 폭을 그렸다. 손병희는 그 재주에 감탄해서 말했다.

"허, 대단한 재주로다. 그런데 노안도라? 내가 늙었다고 노안도를 그린 것이냐?"

주산월은 빙긋이 웃기만 했다. 노안도는 발음이 노후가 편안하다는 노안(老安)과 같은 뜻을 갖기도 하지만 기러기는 부부 금슬의 상징인지라 남녀의 애정을 의미하기도 한다.

손병희는 서화를 사랑했고 그 재주를 지닌 가인들을 흠모하는 사람이었다. 주산월 역시 예인으로 대우했다. 두 사람의 나이 차이는 33살이나 되었지만 명월관의 만남을 계기로 깊은 사랑이 싹텄다.

1914~1915년경, 두 사람은 혼인했고, 주산월은 기명을 버리고 주옥경이라는 이름을 가졌다. 일제하의 언론들은 가십 기사로 손병희의 엽색 행각이라며 엄청난 비난을 가했다. 신데렐라처럼 신분이 올라간 주산월 또한 밉상으로 보였다.

급기야는 1915년 6월 13일 매일신보에 주산월이 손병희와 헤어져 다시 기생이 되었다는 기사까지 실렸다. 주산월이 집을 나오며 "이제 곧 기생으로 도로 나오면 또 뵙지요"라고 말했다고 해서 무척 신빙성 있는 것처럼 기사가 나왔다. 하지만 사흘 후, 류산월이라는 기생 일을 잘못 알았다는 정정 기사가 나왔다. 기사에 난 말은 기자가 상상해서 쓴 것이었다. 그 사흘 사이에 주산월이 기생으로 돌아왔다고 장안의 사내들이 몰려와 주산월을 부르라고 난리를 폈다 하니, 그녀의 인기가 얼마나 대단했던지 알 수 있다.

파경을 바라는 사람들의 질시와는 달리, 주옥경과 손병희는 행복한 결혼 생활을 누리고 있었으나 시대가 시대인지라 곧 어려움이 닥치게 되었다. 결혼 4년 만에 3·1운동이 일어난 것이다.

거사 준비로 손병희의 자택에서 천도교의 주요 인물들이 수시로 회합을 가졌다. 모임이 있을 때면 주옥경은 대문 밖에 나가 망을 보았다.

손병희는 일제의 감시를 누그러뜨리기 위해 파락호, 졸부 행세를 할 때가 많았다. 밖에 나가면 흥청망청 돈을 썼지만 집 안에서는 솔선수범해서 검약한 생활을 했다. 그러나 일제는 감시의 눈초리를 게을리하지 않고 있었기 때문에 만사에 조심해야만 했다.

3월 1일, 손병희는 집을 나서며 식솔들에게 "내가 어디 좀 가는데, 너희는 남아서 수도만 잘하여라"라고 평상시처럼 태연히 말했다.

손병희는 이미 59세로 당대 나이로는 많은 편이었으며 심한 위장병을 가지고 있기도 했다. 주옥경은 가회동 집에서 그가 3·1운동 후 투옥하게 된 서대문 형무소까지 식사를 만들어 날랐는데, 거리가 멀어서 옥바라지가 불가능했다. 서대문 형무소 앞의 시체를 치우는 골방을 사정해서 얻은 뒤에 그곳에서 식사를 만들어 차입했다. 이것이 옥바라지 골목의 시초로 보인다.

식사를 보낸다고 전달이 제대로 되는지, 손병희가 음식을 다 먹기는 하는지도 알 수가 없었다. 손병희는 심한 고문과 열악한 환경에서 고생하다가 급기야 뇌일혈로 쓰러지고 말았다. 반신불수가 되었지만 병보석을 허락해 주지 않아 말도 못 하고 이불에 싸인 상태로 재판을 계속 받아야 했다.

결국 3년 형이 선고된 1920년 10월, 뇌일혈 발병 1년 만에야 병보석으로 나올 수 있었다. 주옥경의 헌신적인 간호에도 불구하고 손병희는 다시 일어나지 못한 채 결국 1922년 5월에 별세하고 말았다.

천도교는 걸출한 지도자를 잃고 슬픔에 잠겼다. 그러나 주옥경은 남편의 죽음 앞에 좌절하지 않았다. 천도교를 위해서 할 수 있는 일을 다 해야 했다.

주옥경은 천도교 여성 단체인 천도교내수단을 조직하고 여성 계몽 운동에 앞장섰다. 여성에게 한글과 산수를 가르치고, 의복 개량 사업, 미신 타파 사업을 벌였다. 한편으로는 기생 조직을 이용해서 정보를 캐내기도 했으며 기생들이 절약해서 모은 돈을 독립 운동에 보태기도 했다.

주옥경은 여성 운동을 하던 중 자신의 공부가 부족함을 알고 일본으로 건너가 도쿄 세이소쿠 영어 학교를 다니기도 했다. 이 학교 출신으로 송진우, 박열, 김교신 등이 있다.

해방 후에도 33인 유족회장, 최초 천도교 여성 종법사 등을 지내며 활발한 사회 활동을 펼쳤다. 그런 가운데 늘 남편의 묘를 관리하고 보살폈다.

주옥경은 어린 나이에 기생들의 권익을 위해 조합을 결성하는 것으로 시작해 선구적 여성 단체를 만드는 등 일생을 여성 운동에 보낸 선각자였다.

큰 마음으로 하늘을 가르며

"비행기를 몰고 하늘을 누비는 여인이 해 준 거라
더 맛나는구먼."

권기옥과 이상정

내몽골의 황량한 벌판을 바라보며 권기옥은 국수를 삶았다. 조심히 끓인다고 했지만 국수에는 모래가 한 줌 안 들어가는 날이 없었다.

"아, 참 맛나다."

공연스레 나이든 척하는 이상정이 국수 그릇을 내려놓으며 장난스럽게 말했다.

"비행기를 몰고 하늘을 누비는 여인이 해 준 거라 더 맛나는구먼."

권기옥은 운남육군항공학교 1기생. 이들은 중국 국민군 펑위샹(馮玉祥) 밑에서 반혁명 세력인 장쭤린과 맞서다 밀려서 내몽골로 도망친 상황이었다. 군은 해산되었고 둘은 갈 곳도 없는 처지였다.

권기옥은 평양 출신으로, 열일곱 살에 3·1운동에 참여한 이후 국내에서 독립운동을 지속하다가 불과 열여덟의 나이로 상해로 망명 와서 나라를 위해 비행사까지 되었다. 이제 스물넷이었다. 이상정은 권기옥보다 네 살 많았는데, 짐짓 아홉 살이나 많은 척하고 있었다. 중국인들에게는 20대 청년은 너무 얄잡아 보이기 때문이었다.

이상정은 시인 이상화의 큰형으로, 국내에서 독립운동을 하다가 1923년 만주로 망명 와서 대한제국 장교 출신 독립운동가인 유동열과 의형제를 맺고 같이 활동했다. 권기옥과는 베이징 서북쪽 장자커우에서 만나 내몽골까지 죽을 고생을 하며 도망치면서 오만정이 다 든 사이였다.

"우리 그만 결혼하자."

난데없고 멋도 없는 프러포즈였다. 권기옥은 망설이지 않았다.

"그럽시다."

유동열이 주례를 보고 청포도와 배갈을 앞에 놓고 금반지를 교환했다. 하객은 같이 도망치고 있던 네 사람이 전부였다. 권기옥은 공군 정복을 입고 단상에 섰다. 마땅한 옷이 없었던 이상정은 중국 복식인 채로 혼례를 치렀다.

시인 이상화의 맏형답게 이상정도 예술가였다. 그는 서화에 뛰어난 재주를 가졌고 글도 잘 썼다. 이날의 심경을 이상정은 "사랑이 생기기 전에 꿈이었는지, 사랑이 생긴 뒤의 오늘이 꿈이온지 알지 못할 것은 인간이며 해석하지 못할 것은 세상이오다"라고 남기기도 했다.

권기옥은 이상정이 미혼인 줄 알았으나, 사실 그는 조선에서 열여덟에 결혼하여 자녀들까지 두고 있었다. 한 치 앞을 내다볼 수 없는 독립운동이라는 칼날 위에서 이상정은 그 사실을 권기옥에게는 이야기하지 않았다.

권기옥은 이상정에게 베이징으로 가서 살길을 찾아보자고 했다. 이상정은 권기옥의 말을 따랐다. 둘은 베이징에서 집안에 도움을 요청하여 간신히 한숨을 돌릴 수 있었다. 형편이 나아지자 이상정은 풍류기를 발휘했던지 기생집에서 술을 마시곤 해서 권기옥의 심사를 어지럽혔다. 마침 이때 장졔스가 비행 부대를 만든다는 말을 듣고 권기옥은 상하이로 향했다. 이상정은 만주로 가서 독립군과 합류하고자 했으나 결국 부인의 말을 따랐다.

7000시간의 비행을 기록하며 무공 훈장까지 받은 권기옥. 그녀는 집에 돌아오면 조를 먹지 않는 남편을 위해 냄비에 밥을 둘로 갈라 지었다. 오늘날에도 비슷하지만 당시 여성 독립운동가들은 남편을 내조하면서 자신의 일도 해내야만 하는 이중고에 시달렸다.

이상정은 중국 국민군에서 중장의 지위까지 올랐으며 두 사람은 임시 정부 광복군 탄생에도 크게 기여했다. 동지이자 부부로 두 사람은 죽는 날까지 함께했다. 그러나 이상정의 첫 부인인 한문이는 해방도, 남편도 다시 보지 못하고 고국에서 사망했다.

식민지의 비극과 희망, 만남과 헤어짐이 이다지도 애달팠던 시절이었다.

장군의 아내, 원한을 갚다

"이제 남편 곁으로 갈 때 아무런 원한이 없겠다."

명원부인과 석우로

나는 사로국의 공주, 명원이다. 나의 남편 석우로는 나해 이사금
과 내 고모의 아들로 왕위를 이을 수도 있는 몸이었으나 나해 이사
금이 돌아가시며 내 아버지, 조분 이사금에게 왕위를 물려주었다.
아버지는 나해 이사금의 사위였다.

남편은 불패의 명장이었다. 포상의 여덟 나라가 쳐들어왔을 때
그들을 물리쳤으며, 감문국을 쳐서 군현으로 삼았다. 왜가 바다를
건너오자 그들의 배를 화공으로 불태우고 누구 하나 돌아가지 못
하게 만들었으며, 북방의 고구려가 휘몰아쳤을 때 대군을 홀로 막
아 나라를 지켰다.

사기가 떨어진 병사들을 수습해서 마두 책을 지키며 몸소 땔감
을 들고 다니며 불을 지피고 위로하였다. 그들은 마치 솜옷을 두른
것 같다며 감격했었다.

사량벌국이 우리를 배반하고 백제에게 붙었을 때, 역시 남편이 출정하여 배반의 대가를 치르게 했다. 사량벌국은 멸망했다.

하지만 남편의 공은 너무나 컸다. 하늘도 알고 땅도 아는 큰 공을 자꾸만 세운 것이 문제였을까?

아버지가 돌아가시고 왕위는 숙부, 첨해가 이어받았다. 첨해 이사금은 장훤을 서불한으로 임명해서 남편을 견제하게 했다.

남편은 장군이었다. 그에게서 군사를 빼앗고 사신을 접대하는 일을 맡겼다. 저 좀도둑 떼와 같은 왜의 사신을 대하도록 만들었다. 남편은 분개해 화를 냈다.

왜의 사신, 갈나고가 객관에 있을 때 남편이 그 앞에 서서 말했다.

"언젠가는 네 왕을 소금 만드는 노예로 삼고 왕비는 밥 짓는 여자로 삼을 것이다."

갈나고의 안색이 파랗게 질렸지만 남편 앞에서는 입도 떼지 못했다. 그는 돌아가 왜왕에게 고자질을 했다. 왜왕은 군사를 거느리고 쳐들어왔다. 그들은 우유촌에 진을 쳤다.

나는 남편에게 군사를 달라고 숙부에게 말했다. 저들을 응징하고 다시는 우리 사로에 발을 들이지 못하게 하겠다고. 하지만 숙부는 싸늘하게 거절했다.

남편이 말했다.

"이 재앙은 신이 말을 조심하지 못해서 일어난 것이니 신이 감당하겠습니다."

남편은 홀로 왜군의 진지로 걸어 들어갔다.

"일전의 말은 그저 농담이었는데, 군사를 일으킬 줄은 몰랐구나."

왜장 우도주군은 대꾸도 하지 않고 남편을 포박했다. 억지로 무릎을 꿇리려 했으나 남편을 당해 내지 못했다. 우도주군은 장작을 쌓아 올리고 남편을 거기에 앉게 했다.

"내 한 몸으로 전쟁을 막아 낼 수 있다면 그것도 괜찮은 일이겠다."

남편은 한덩어리의 불로 변했다. 나는 아직 어린 아들 흘해를 안아 올렸다. 아버지의 마지막 모습을 아들로서 보아야만 했다.

흘해는 예쁘게 생겼으나 담력이 대단했다. 흘해는 두 주먹을 꼭 쥐고 눈물을 흘리면서도 아버지의 마지막 장면에서 눈을 돌리지 않았다. 남편은 말했었다.

"우리 집안을 일으킬 사람은 반드시 흘해일 것이다."

아들을 사랑했던, 나를 사랑했던 남편이 불길 속에서 사라지고 있었다. 내 눈에서는 피눈물이 흘렀다. 남편의 충실한 부하들이 나를 부축해 주었다. 그들도 피눈물을 흘리고 있었다.

숙부가 죽고 형부인 미추가 왕위에 올랐다. 그는 김씨로서 처음 사로의 이사금이 되었다. 나는 왜에서 원수 갈나고가 즉위를 축하하기 위해 왔다는 말을 들었다.

나는 마치 그에게 사사로운 뜻이 있는 것처럼 아양을 떨며 집으로 초대했다. 발정 난 짐승처럼 갈나고가 들어왔다. 그에게 술을 대접했다. 그는 탐욕스러운 눈으로 내 몸을 훑으며 마음껏 술을 마셨다.

그가 술에 취해 몸을 못 가눌 때 남편의 부하들이 그를 끌어냈다. 마당에는 이미 장작이 한껏 쌓아 올려져 있었다. 나는 그를 불태워 남편의 원한을 갚았다.

왜는 그 소식에 격분해서 다시 쳐들어왔으나 이사금인 형부는 나보고 책임지라는 말 같은 것은 하지 않았다. 우리 사로의 병사들은 대장군 우로를 기리며 왜군과 싸워 그들을 바다로 밀어냈다.

아들 흘해는 늠름하게 자라났다. 아버지의 손자 기림 이사금이 죽은 뒤에 나라 사람들은 아직 어린 흘해를 이사금으로 받들었다. 누구도 반대하지 않았다. 흘해는 남편의 예언처럼 우리 집안을 일으킨 사람이 되었다.

오늘은 흘해가 왕위에 오르는 날이다. 흘해는 좋은 왕이 될 것이다. 이제 남편 곁으로 갈 때 아무런 여한이 없겠다.

(《삼국사기》에 전하는 석우로와 그 아내 명원부인을 토대로 소설의 형식으로 엮어 보았습니다.)

2

내 평생의 당신으로 더불어 같이 있기를

강철의 꽃을 그대에게

"도산은 신비스러운 남성이었어요."

이혜련과 안창호

1902년 9월 3일. 가을빛이 한창인 제중원(현 세브란스 병원의 전신)에서 결혼식이 열렸다.

평안도에서 미남이자 인재로 이름을 날리던 스물세 살 안창호가 신랑이었고, 평남 강서 출신의 열여덟 살 먹은 이혜련이 신부였다. 이혜련은 안창호에게 한문을 가르친 스승, 이석관의 큰딸이었다. 사실 순탄하게 치러진 결혼식은 아니었다.

"안창호는 인재지만 결코 돈은 벌지 못할 것이다. 괜찮겠느냐?"

두 사람은 5년 전에 약혼했다. 그때 이석관은 안창호의 미래를 내다보며 이렇게 딸에게 물었다. 이혜련은 상관없다고 대답했다.

집안끼리 혼사를 결정했는데, 뜻밖에도 안창호가 이혜련이 기독교인이 아니라는 이유로 혼약을 반대했다. 그 말을 들은 이석관은 집안을 모두 기독교에 입교시켰다. 그러자 이번에는 이혜련이 공부를 하지 않았다는 이유로 반대를 했다. 이석관은 오히려 딸을 공부시켜 달라고 안창호에게 부탁했다. 안창호는 이혜련을 서울로 데려와 동생 안신호와 함께 정신여학교에 입학시켰다. 여기서 이혜련은 여성 독립운동가들인 김마리아, 김필례, 김순애 등과 함께 공부했다.

이혜련은 안창호 앞에서는 부끄러워 어쩔 줄 모르는 여인이었다. 약혼 후 서울에서 지내던 기간에 안창호가 놀러오면 밥을 먹고 여러 식구와 어울렸는데, 그럴 때면 짓궂은 가족들이 이혜련을 놀리기 일쑤였다. 그럴 때마다 이혜련은 멀리 도망쳐 버렸다. 안창호의 얼굴 한 번을 제대로 쳐다보지도 못했다. 저런 멋진 사람이 자기 남자라는 것만으로도 흐뭇해한 시절이었다.

안창호는 공부를 더 해야 한다고 생각했고, 신학문을 익히기 위해 미국 유학길을 떠나려 했다. 사랑하는 여인과 헤어져야 하는 아픔을 견디기로 마음먹었다. 그는 망설임 끝에 결국 이혜련에게 자신의 결심을 고백했다. 약혼녀가 자신의 결심을 이해해 주기를 바랐다.

"나는 미국에 가서 공부를 하고자 합니다. 10년 후에 돌아와 혼약을 치르겠습니다."

이혜련의 대답은 전혀 뜻밖의 것이었다.

"저도 따라가겠습니다. 죽으나 사나 당신을 따라가겠습니다."

안창호는 이혜련의 굳은 결심을 알고 함께 가기로 했다. 그러자면 먼저 결혼을 해야 한다는 선교사들의 조언을 듣고 급히 결혼식을 올리게 된 것이다.

결혼식 후, 첫날밤도 지내지 못하고 다음 날 바로 떠나야 했다. 서울에서 도쿄로, 그리고 도쿄에서 배를 타고 20일이나 걸려 미국에 도착했다. 그동안 이혜련은 뱃멀미로 힘들었지만 그럴 때마다 안창호를 바라보기만 해도 마음이 흐뭇해서 모든 것을 견딜 수 있었다.

훗날 이혜련은 안창호에 대해 이렇게 회고했다.

"도산은 신비스러운 남성이었어요. 만나면 도무지 말이 나오지 않고 돌아서면 한없이 곱고 좋기만 했으니까…."

꽃을 좋아하는 안창호에게 이혜련이 편지와 함께 연꽃을 보낸 적이 있었다. 안창호는 선물을 받고 이런 답장을 보냈다.

"나는 꽃보다 보낸 그 마음을 사랑하여 꽃을 품에 두었소이다."

아무 연고도 없는 샌프란시스코에 도착한 둘은 당장 먹을 것부터 걱정해야 하는 처지였다. 미국인 선교사 집에서 안창호는 청소를, 이혜련은 요리 일을 하면서 간신히 버틸 수 있었다.

안창호는 공부를 하며 한인 사회를 조직해 나갔고 급기야는 외지로 나가야 했다. 홀로 남은 이혜련은 동포들을 만나기만 하면 서럽고 슬퍼 늘 울었다. 그녀는 '우는 아이'라는 별명이 있을 정도로 마음이 여린 사람이었다. 하지만 시간이 흐르며 강철 같은 투사였던 안창호와 함께 이혜련도 성장해 나갔다.

이혜련은 36년간의 결혼 생활 동안 12년만 안창호와 같이 지냈다. 이 때문에 안창호는 늘 아내에게 미안한 마음을 가지고 있었다. 그는 아내를 늘 존중했다. 아내에게 쓴 편지는 늘 경어체였다. 이혜련 역시 편지에서 남편을 '어른'이라 부르며 존경했다. 안창호가 1918년에 보낸 편지 중 일부를 줄여서 소개해 본다.

> 오, 나의 사랑인 혜련, 당신의 평생에 몸고생도 많았거니와 몸고생보다 마음고생하여 온 것을 생각하니 나는 어떻다고 말할 수 없소이다. 내 평생의 당신으로 더불어 같이 있기를 비로소 근래 수년뿐이니 그나마 시간은 다 당신의 고생한 시간이라 하겠소이다. 나는 멀리 나와서 집 생각이 간절한 가운데 그대의 은혜와 그대의 고생을 아울러 생각함을 멈출 수 없소이다. 당신은 내게 충성과 사랑을 다하여 왔는데 나는 당신을 사랑하고 도움이 당신의 하는 것만큼 만분의 일을 따를 수 없는 것 같소이다. 우리가 소년 시대에는 맛없이 살아왔거니와 늙어 가면서 가정의 즐거움을 새로 지어 봅시다.

그러나 정말 안타깝게도, 이 부부는 가정의 즐거움을 누릴 수가 없는 시대를 살았다.

안창호는 1932년 상해 홍커우 공원에서 있었던 윤봉길 의사의 폭탄 투척 때 체포되어 서울로 압송되었다. 2년 6개월 만에 가출옥했다. 이때 미국에 있던 안창호의 가족은 그를 만나기 위해 조선으로 들어올 계획을 세웠다.

영화배우였던 장남, 필립이 돈을 모아서 여비를 만들었다. 안창호는 막내인 필영의 얼굴도 보지 못한 상태였고, 나날이 건강이 나

빠지고 있었다.

그는 아내와 두 딸, 그리고 막내가 자기를 보러 온다는 사실에 감격했다. 하지만 그들에게 오지 않는 것이 더 나을 것이라는 사정을 구구절절 써서 보냈다. 이 편지는 가족을 만난다는 희망에서 시작해서 그러나 만날 수 없다는 절망으로 이어진다.

안창호의 가족이 안창호를 보기 위해 방문한다는 사실이 외부에 알려지자 그의 동지들이 귀국에 반대했다. 그들이 조선에 들어가면 안창호를 압박하는 데 이용될 것이 분명하다는 이유였다. 그들은 절대 갈 수 없다고 말했다.

두 아들인 필립과 필선은 크게 반발했다. 미국 국적인 안창호의 자녀들을 일본이 손댈 수 없을 것이라 주장했다. 하지만 동지들은 일본이 그런 것을 지킬 리 없다고 말했다.

"당신들은 가지 말라고 말할 권리가 없어요. 이건 가족의 문제예요. 세상의 어느 누구도 우리에게 아버지를 만나러 가라 말라 할수 없어요. 아버지는 도움을 필요로 하고 있어요. 여동생들은 아버지를 보고 싶어 해요. 아버지도 한 번도 보지 못한 아들을 보고 싶어 하세요."

하지만 동지들은 완강했다. 고성이 오가며 언쟁이 계속되었다. 감정이 너무나 격해지자, 결국 이혜련이 결정을 내릴 수밖에 없었다.

"가지 않겠어요. 내 아들들을 이런 상태로 남겨 두고 갈 수 없어요."

이렇게 해서 도산은 죽을 때까지 가족을 만날 수 없었다. 잔인한 세월이었다.

안창호는 2년 후 수양동우회 사건으로 다시 체포되었다. 이미 감옥 생활 중에 건강을 많이 해친 안창호는 이번 투옥으로 돌이킬 수 없을 만큼 몸이 망가졌다. 결국 12월에 가석방되었으나 1937년 3월 10일, 숨지고 말았다.

미국에서 이혜련은 안창호가 조직한 미주 흥사단의 뒷바라지를 도맡아 해냈고, LA대한부인친애회(후일 대한여자애국단-이혜련은 제6대 총단장을 역임)에서 독립운동을 지원하는 각종 운동에 매진했으며, 재미한인사회의 대모로 성장했다.

그녀의 공을 기려 건국훈장 애족장이 2008년에 수여되었다.

의사도 사랑의 열병 앞에서는

"지금 당신이 가시면 나는 없어집니다."

허영숙과 이광수

1917년 도쿄.

도쿄여자의학교 학생 허영숙은 크리오 소다라는 환약 한 봉지를 들고 남의 집 대문 앞을 왔다 갔다 하고 있었다. 들어갈까 하다가 얼굴이 붉게 달아올라 그만두고 다시 몇 걸음 떼었다가는 차마 발걸음을 못 돌리고 다시 돌아왔다. 열일곱의 나이로 의사가 되겠다며 혈혈단신 도일한 조선 최초의 여학생이었다.

일본에서도 여자가 의사를 하겠다는 것이 드문 시절이었다. 그녀가 입학한 도쿄여자의학교는 여의사를 육성하는 유일한 학교였으나 의학전문학교가 아니어서 졸업 후에 의사 검정 시험을 치러야 했다. 허영숙은 1918년 10월에 조선총독부가 시행한 검정 시험에 최초로 합격한다. 이처럼 당찬 여성이었으나 첫눈에 사랑에 빠진 청년의 하숙집 앞에서는 부끄러움이 넘쳐 차마 대문을 못 넘고 있었다.

그 상대는 조선 3대 천재라 불린 이광수.

이광수는 이때 스물여섯, 허영숙은 스물이었다. 더구나 이광수는 유부남이었다. 이광수는 가세가 몰락하고 일찍 부모를 여의어 고아로 자기 앞길을 개척해 나갔다. 1905년에 열네 살의 나이로 일본으로 건너가 최남선, 홍명희, 문일평 등 당대의 뛰어난 인물들과 교류를 시작했고, 일찌감치 문필가로 이름을 날리기 시작했다.

그는 일본 유학을 일시 접고 귀국했던 1910년 7월에 백혜순과 결혼했는데, 아버지 친구의 유언이어서 얼떨결에 승낙하고 말았다고 이야기하고 있다. 이광수는 백혜순에게 전혀 애정을 느끼지 못했다. 그는 1915년에 다시 일본 와세다대학에 입학하였는데, 이때 폐병을 앓고 있었다.

허영숙은 도쿄 유학생 모임에서 이광수와 처음 만났는데, 이광수는 자신의 병에 대해서 이야기하며 어떤 약이 좋을지 물어보았다.

"제가 지금 잘 모르겠는데, 학교에 가서 자세히 알아보고 알려드릴게요."

이리하여 허영숙은 이광수의 하숙집 대문 앞을 왔다 갔다 하며 들어갈지 말지를 고민하게 되었던 것이다. 결국은 그 대문을 넘어서서 이광수를 찾았다.

그가 계단을 쿵쿵 소리를 내며 내려오자, 허영숙의 가슴은 울렁거리고 얼굴은 화끈화끈 달아올랐다. 얼굴이 하얀 천재 문필가가 허영숙 앞에 섰다.

"이 약, 폐병에 좋은 것이에요."

뭐라 말하는지도 모르겠고 고개를 외로 꼬며 약을 내밀었다. 이광수가 받아 들고 고마워하며 잠시 들렀다 가라고 했으나 허영숙은 바로 내빼 버렸다. 여자가 남자 집을 찾아온 것만 해도 부끄러운 일인데, 방에 단둘이 있자니 이건 도저히 감당할 수가 없었다.

얼마 지나 허영숙이 실습을 하는 병원으로 이광수가 찾아왔다. 그녀를 보러 일부러 찾아온 것이 분명했다. 허영숙의 동기들은 이 둘의 만남에 지지배배 신이 났다. 허영숙의 등을 떠다밀어 이광수를 만나게 했다.

하지만 이광수의 폐병이 심각한 상태였다. 기침을 할 때마다 혈담이 나왔다. 허영숙은 그런 이광수를 사랑으로 감싸 주었다. 담당 의사에게 말을 해서 직접 돌보기로 하고, 약값도 깎아 주고, 무엇 하나라도 편할 수 있게 신경을 썼다.

훗날 허영숙은 이때의 이광수를 '가만두면 죽을 것 같은' 환자였다고 말했다.

이광수는 오직 자신의 병만을 헌신적으로 간호해 주는 미모의 신여성, 허영숙에게 모성애 같은 사랑을 느꼈다. 두 사람의 사랑이 불타올랐지만 물론 현실적인 장애는 그대로 남아 있었다.

두 사람은 수백 통의 편지를 주고받으며 사랑을 키워 나갔다.

1918년 7월에 허영숙은 이광수와 함께 요양 여행을 떠났다. 야마기타, 수와, 후지산이 보이는 해변가 등이었다. 이 여행은 일종의 허니문과 다를 게 없었다. 여행 후 허영숙은 귀국했고, 그는 아내와 이혼했다.

이광수는 바로 허영숙과 결혼하기를 바랐지만, 그건 쉬운 일이 아니었다. 딸만 넷인 집안의 귀여운 막내딸인 허영숙이 고아 출신의 한량에 이혼 경력을 가진 남자와 결혼하겠다는 것이 용납되지 않았던 것이다. 심지어 허영숙의 어머니는 그녀를 강제로 다른 남자와 결혼시키려 들었다.

그런 상황에서 허영숙은 10월의 의사 검정 시험에 합격한 뒤에 이광수와 함께 베이징으로 사랑의 도피행을 택했다. 그곳에 있는 동창의 도움으로 의사 직장을 구할 생각이었다.

그런데 시국이 돌변하고 있었다. 독립운동의 물결이 차오르고 있었던 것이다.

이광수는 11월에 도쿄행을 택했다. 도쿄의 유학생들과 의기투합했고 '2·8 독립선언서'를 작성했다. 3·1운동의 도화선이 된 사건이다. 그는 일경의 추격을 피해 상해로 달아나서 임시정부에 합류했다. 이곳에서 임시 정부의 기관지인 〈독립신문〉의 주필을 맡았다.

이광수와 헤어진 허영숙은 조선으로 돌아와 1년간 임상 수련을 더 한 뒤에 병원을 열었다. 최초의 여성 의원이 개업했다. 서울에 있는 자기 집을 개조해서 '영혜의원'이라는 간판을 달았다. '영'은 자신의 이름에서, '혜'는 '혜민서', '광혜원' 같은 의료 기관에 붙는 '의술을 베푼다는' 뜻에서 따온 것이었다.

이광수는 축하 편지를 보냈는데, 허영숙은 앙칼진 답장을 돌려

보냈다. 이광수가 상해에서 바람을 피운다는 소문이 있었기 때문이다. 이광수는 놀라서 답장을 보냈다.

나를 버리지 맙시오. 아무러한 것이 있더라도 참고 용서하고 버리지 맙시오. 이미 4년이 넘었는데 갈수록 영이 없이 살 수 없이 생각됩니다. 더구나 모든 사업에 실패가 오고 동지의 가치에 의심이 나고 인생의 고독을 맛볼수록 당신의 깨끗하고 뜨거운 사랑이 그리워집니다. 지금 당신이 가시면 나는 없어집니다.

이광수는 연이어 다른 모든 여자관계를 끊었음을 다음 편지로 알리고 양자택일을 해 달라고 말했다.

'나는 너를 버린다', '나는 죽기까지 너와 한몸이요, 한맘이다. 네 아내다.' 이 둘 중 하나로 대답을 택하여 줍시오.

1921년 2월 허영숙은 이광수를 보러 상해로 가서 6일을 머물렀다. 이광수는 3월 말 도산 안창호의 만류를 무릅쓰고 귀국했고, 5월에 허영숙과 결혼식을 올렸다. 둘 사이에 오간 편지만 1200통이었다고 할 만큼 열렬한 사랑의 결실이었다.

두 사람의 연애담 뒤로 입맛이 쓴 부분은 결국은 이광수가 변절을 하고 악질 친일파가 되어 버렸다는 것이라 하겠다.

사의 찬미

"아무리 어려움이 있더래도 이대로 굴하지 아니하고."

윤심덕과 김우진

1926년 8월 5일. 조선의 신문들에는 충격적인 기사가 실렸다. 8월 4일 새벽 4시경, 대마도 부근을 지나던 관부 연락선 '쿠주마루 호'에 서 가수 윤심덕과 극작가 김우진이 투신자살했다는 것이었다.

기사에서는 극적인 표현으로 과장하여 둘이 몸을 껴안고 돌연 뛰어내렸다고 했지만 사실 목격자는 없었다. 새벽 4시에 순찰을 돌던 급사가 일등실 문이 열린 것을 보고 손전등으로 안을 비춰 보 았더니 선실이 비어 있었고, 이에 수색을 시작했는데 온데간데없 이 승객이 사라졌던 것이다. 그리고 선실 안의 여행 가방에는 팁 5 원과 함께 짐을 집으로 보내 달라는 내용의 쪽지가 있었다.

윤심덕은 평양 출신으로 독실한 기독교 집안에서 자랐다. 위로 언니, 밑으로 남동생, 여동생이 있었다. 그녀는 평양숭의여학교를 나와 평양여고보통학교를 다녔다. 거기서 원래 의사가 되려 했으나 적성에 맞지 않음을 깨닫고 경성여고보통학교 사범과로 전학해서 우등으로 졸업했다. 이때 첫 부임지가 강원도 원주였고 그다음에는 횡성이었다. 그러나 시골에서 지내는 것이 윤심덕의 성격에 맞지 않았다.

어려서부터 남자같다는 말을 들을 만큼 활발한 성격이어서 별명도 '왈녀'였다. 왈가닥 소녀였다는 말이다. 그녀에게 새로운 기회가 온 것은 1915년, 열아홉 때였다. 조선총독부 관비 유학생으로 선발되어 도쿄 유학생이 된 것이다.

윤심덕은 도쿄음악학교, 일명 우에노음악학교에 입학하여 사범과 중등 교원 양성 과정에서 공부했다. 이곳에서도 윤심덕은 화제의 인물이었다. 남자들과 활달하게 어울리고 애교가 넘치는 윤심덕을 좋아하는 남자들이 하나둘이 아니었다. 니혼대 문과를 다니던 박정식은 윤심덕에게 여러 차례 구애했지만 윤심덕은 받아 주지 않았다. 박정식은 실연의 상처로 정신 이상이 오고 말았다. 결국 학업도 포기하고 서울로 돌아가게 되었다.

스스럼없이 남자들과 어울렸기 때문에 염문도 파다했으나 윤심덕은 이런 소문에 휘둘리지 않았다. '봉선화'로 유명한 작곡가 홍난파, 채동선도 윤심덕과 열애설이 난 인물 중 하나다.

일화 중에 이런 것도 있다.

1921년, 여름방학. 김우진, 홍난파 등과 함께 조선인 노동자 단체 동우회의 운영비 모금을 위한 순회공연을 하였는데, 이때 부산에서 묵을 때의 일이었다. 여관방이 모자란 탓에 윤심덕은 한 청년과 한방을 써야 했다. 윤심덕과 잘 지내던 친구 사이였기에 그리했는데, 한밤중에 그가 윤심덕에 은밀한 손길을 뻗었다. 그녀는 자리에서 벌떡 일어나 청년의 뺨을 후려쳤다.

"네가 이렇게 더러운 남자인 줄 모르고 가깝게 지냈구나! 이 무슨 금수 같은 행동이냐!"

청년은 즉각 백배 사과를 하였는데 윤심덕은 또 그 사과를 흔쾌히 받아들였다.

윤심덕은 1923년 6월 조선으로 돌아갔고, 바로 서울 종로 중앙청년회관에서 독창회를 가지며 조선 최초의 소프라노 가수로 데뷔했다. 이 해 여름에 윤심덕은 뜻밖의 초대를 받았다. 김우진이 동생들과 놀러오라고 편지를 보낸 것이다. 편지 안에는 차표도 세 장 들어 있었다.

김우진은 목포의 대지주, 김성규의 장남으로 윤심덕과는 동갑이었다. 쾌활한 윤심덕과는 달리 신중하고 예민했으며 이지적이고 급진적인 성격을 가지고 있었다.

그는 일찍 결혼해서 유부남으로 일본에 유학을 떠났다. 집안에서는 농업을 공부하기를 바랐지만 김우진은 문학을 사랑하여 결국 와세다대 영문과로 진학을 했다. 영문과 2학년 때인 1921년에 유학생 서클이었던 '극예술협회'에서 윤심덕을 처음 보았다. 그러자마자 둘이 불타오른 것은 아니었다. 김우진은 이 시절에 일본인

간호사와 교제하고 있었다. 불행히도 간호사가 1923년에 백혈병으로 사망하였다. 그 쓰라린 실연의 아픔 때문에 목포 집으로 돌아와 있었고, 그때 윤심덕을 만난 것이다.

윤심덕은 성악가로 최고의 명성을 누리고 있었으나 수입은 그에 비례하지 않았다. 1924년에 가족들이 서울로 이사를 왔고 윤심덕을 결혼시키려 했다. 이 무렵, 남동생이 미국 유학을 가려 할 때 여비를 만들 방법이 없었다. 윤심덕은 돈이 안 되는 성악가보다 대중가요를 부르는 쪽으로 선회해서 경성방송국에 출연하고 레코드 취입도 알아보기 시작했다. 그때 이용문과 스캔들이 터져 나왔다.

이용문은 이완용의 측근으로 대한천일은행 은행장을 지낸 부호 이봉래의 아들이다. 호색한으로 소문이 난 인물이기도 했다. 이용문의 돈으로 심덕이 동생 여비를 만들었다는 소문이 나돌았다. 대범했던 윤심덕도 이 추문에는 견딜 수 없었던 모양으로 1924년 겨울에 돌연 만주 하얼빈으로 떠나 버렸다. 다음 해인 1925년 6월, 형부가 사망하게 된다. 언니를 위로하기 위해 귀국하여 언니 시댁인 안동으로 내려갔다.

윤심덕이 얼마나 화제의 인물이었는지는 이 해 8월에 동아일보에서 5회에 걸친 윤심덕 특집 기사로 증명된다. 한 독자가 윤심덕이 최근 서울에 돌아왔다는데, 그 경과를 알고 싶다고 보낸 편지에 답하는 형식이었다. 기자는 '윤심덕 양의 정체를 해부하여 놓으려' 한다고 말하고 있다.

이용문과의 추문으로 인해서 윤심덕은 음악계에서는 없는 사람

취급을 받고 있었다. 이때 구원의 손길을 뻗은 사람이 김우진이었다.

김우진은 이때 아버지의 강요로 상성합명회사 사장이 되어 있었다. 하고 싶지 않은 일이었으나 아버지로부터 벗어날 수가 없었다. 그가 마지막으로 친구에게 남긴 편지에도 이런 심정이 잘 드러난다.

나는 아무리 하여도 굳게 먹은 나의 결심을 변할 수는 없다. 지금 와서도 나의 아버지는 내가 가정에 돌아오기를 기다리며 내가 가정을 의뢰를 하여 그전과 같은 그러한 생활을 하기를 바라는 듯하지만 나는 도저히 그러한 비인간적 생활로 또다시 끌려들어갈 수는 없다. 나는 아무리 어려움이 있더래도 이대로 굳히지 아니하고 한 개의 사람으로서 본래의 인간성에 기인한 참생활을 하여 보겠다.

이 편지는 김우진이 죽은 후 도착했는데, 편지로 보면 김우진이 자살을 결심하고 편지를 쓴 것 같지는 않다. 윤심덕과 마지막 만남에서 자살을 결심한 모양이다.

그는 일본의 작가, 아리시마 다케오를 존경했다. 아리시마는 본래 농학자가 되기 위해 삿포로농업학교를 졸업했으나 미국 하버드대학교에서 유학하면서 사회주의에 기울어졌다. 그는 자신의 사상을 실천하기 위해 자신의 농장을 소작인들에게 무상으로 넘겨주기도 했다. 그다음 해인 1923년에 유부녀인 기자 하타노 아키

코와 함께 동반 자살했다. 어쩌면 이 사건이 김우진에게 영향을 주었을지도 모른다.

김우진은 1926년, 윤심덕에게 연극 단체인 토월회에 입단하라고 권했다. 여배우는 기생처럼 여긴 당시 분위기 때문에 윤심덕에게는 온갖 비난이 쏟아졌다. 윤심덕의 어머니는 그녀를 붙잡으려 공연장까지 찾아올 정도였다. 악단의 여왕이 극단의 여왕까지 될 거냐는 말도 있었지만 윤심덕은 연극에서는 두각을 드러내지 못했다.

그해 김우진은 결국 사장직을 때려치우고 집을 나와 버렸다. 아버지는 대로했다. 김우진은 도쿄로 떠났는데 윤심덕이 그러라고 했다는 말도 있고 그녀는 몰랐다는 말도 있다.

윤심덕은 7월에 일본으로 건너갔다. 미국 유학을 떠나는 여동생을 배웅하기 위해 간 것이었다. 그리고 오사카의 닛토레코드에서 음반에 수록할 노래를 불렀다.

피아노 반주는 동생 윤성덕이 했다. 이때 녹음한 노래 중 하나가 '사의 찬미'이다. 원래 예정에 없던 노래였는데, 윤심덕이 루마니아 작곡가 이바노비치의 '도나우 강의 잔물결'에 직접 쓴 가사로 부른 노래였다. 총 27곡을 14장의 판에 취입한 윤심덕은 요코하마에서 동생을 배웅한 뒤에 도쿄에 있던 김우진에게 당장 오지 않으면 죽어 버리겠다는 전보를 쳤다.

전보를 받은 김우진이 달려왔다. 두 사람은 시모노세키에서 부산으로 가는 관부 연락선에 올랐다. 그리고 부산에 도착한 관부 연락선에는 두 사람이 없었다.

두 사람의 가족들은 자살을 믿지 않았다. 마지막까지 함께했던 동생 윤성덕은 언니가 '큰 성공을 하기까지 간 곳을 알리지 않을 테니 절대로 나를 찾지 말아라'라고 말했으니 죽었을 리가 없다고 주장했다.

하지만 이 말이야말로 충격을 받을 동생에게 해 준 마지막 위로의 말이 아니었을까?

많은 사람은 둘이 사랑의 도피를 한 것이라 여겼고, 심지어 이탈리아에서 악기점을 하며 살고 있다는 말도 나왔다. 1931년 11월에 이탈리아 주재 일본영사관은 김우진의 유족에게 두 사람이 이탈리아에 없으며 동양 사람이 운영하는 악기점도 없다는 것을 확인해 주기까지 했다.

유작이 된 '사의 찬미'는 윤심덕의 자살이라는 충격적인 화제 속에 10만 장의 판매를 기록했다.

성악가로 살고 싶었으나 팍팍한 현실 앞에 좌절한 예술가와 부호의 장남으로 태어나 원하는 삶을 살아갈 수 없는 고통 속에 있던 극작가, 두 사람의 사랑은 아프고 아프게 마무리되고 말았다.

아나키스트 연인들

"내가 여성이라는 관념을 제거할 것."

가네코 후미코와 박열

영화 '박열'에서 잘 알려진, 박열의 아내 가네코 후미코는 남편과 같이 천황 암살을 기도했다는 이유로 체포되어 옥사한 인물이다. 박열은 22년 2개월의 복역을 견디고 출소했으나 가네코 후미코는 1926년 7월 23일 23세의 나이로 옥중에서 자살했다.

일본인으로 태어났으나 조선인 동지이자 연인인 박열과 함께 반천황제 투쟁에 나섰던 아나키스트 가네코 후미코. 그녀는 어떤 삶을 살았고, 어떤 사랑을 했던 것일까?

후미코는 1903년 일본 요코하마에서 태어났다. 하지만 그녀의 어머니는 남편과 사이가 나빴고, 그가 이모와 불륜까지 저지르자 여섯 살이었던 후미코를 데리고 집을 나와 버렸다. 그녀는 방직 공장에 다니며 다른 남자와 동거했는데, 일상적으로 후미코를 학대했다. 후미코는 호적에 오르지 못한 무적자(無籍者)여서 초등학교에 입학할 수도 없었다.

　1912년, 9살의 후미코는 조선 충청북도 청원군에 사는 고모 집으로 보내졌다. 고모부는 고리대금을 하는 사람으로 그 역시 후미코를 상시 학대했다. 영하의 밤에 굶긴 채 집에도 못 들어오게 하는 일도 있었다. 그러나 다행히 학교는 다닐 수 있었다. 1917년 졸업할 때 학업 및 품행 우수상을 받을 정도로 모범적이고 똑똑한 학생이기도 했다.

　집에서는 늘 학대를 받았으나 조선 사람들이 그녀를 불쌍히 여겨서 그녀는 지옥 속에서 깊은 감동을 받았다. 또한 조선인이 받고 있는 억압과 고통에 대해서도 깊은 동정심을 가졌다.

　그녀는 3.1운동을 목격하고 감격했다.

　1919년에 있었던 조선의 독립 소요 광경을 목격한 다음, 나 자신에게도 권력에 대한 반역적 기운이 일기 시작했으며, 조선 쪽에서 전개하고 있는 독립운동을 생각할 때 남의 일이라고 생각할 수 없을 정도의 감격이 가슴에서 용솟음쳤습니다.

　〈가네코 후미코〉 중에서
　(야마다 쇼지 저 / 산처럼, 2017)

　후미코는 그 후 고모 집을 나와 일본으로 돌아왔다. 그녀의 어머니는 두 번째 개가를 한 상황이어서 그녀의 귀국을 좋아하지 않았다. 심지어 장성한 딸을 매춘부로 팔아 버리려고까지 했다. 그녀의 아버지는 부유한 외가의 작은 외삼촌에게 그녀를 시집보내려고 했다. 자기 딸을 외숙모로 만들려고 한 것이다. 그러나 애인이 따로 있었던 아버지의 외삼촌은 후미코를 부정한 여자라고 하면서 파혼해 버렸고, 이렇게 살 수는 없다고 생각한 후미코는 1920년 4월 홀로 도쿄로 올라갔다.

그녀는 도쿄에서 신문팔이, 식모, 인쇄소 직원 등을 전전하며 점차 아나키즘 사상을 가지게 되었다. 조선인 유학생들과도 교류하던 그녀는 어느 날 정우영이라는 유학생의 집에서 박열이 쓴 시 '개새끼'를 보게 되었다. 그의 시를 읽으며 "황홀해질 정도였으며, 피가 약동했고 어떤 강한 감동이 내 전 생명을 높게 쳐들고 있음"을 느끼고 박열을 소개해 달라고 했다. 그녀는 그렇게 해서 그다지 키가 크지 않은, 말라빠진, 새카맣고 덥수룩한 머리를 어깨 근처까지 기른 스물서너 살의 사내, 박열을 만났다. 두 사람은 만나자마자 의기투합했다.

박열은 그동안 후미코가 보았던 재일 조선 유학생과는 사뭇 다른 사람이었다. 그는 열정으로 뭉친 사람이었다. 그를 그처럼 힘있게 만드는 것이 무엇인지 궁금했다. 그의 열정을 자신의 것으로 만들고 싶었다. 그녀는 그날 밤 가슴이 두근거려 잠을 이루지 못했다.

박열은 조선의 독립이라는 대의명분에 매몰되어 있지 않았으며 그 자신에서 출발한 사회 변혁에 목숨을 건 인물이었다. 후미코는 일본인으로 태어났으나 일본인으로 받아들여지지 않은 무적자 신세였고, 일본에서도 조선에서도 받아들여지지 않는 떠돌이였다.

하지만 박열은 그런 그녀를 온전히 받아 준 유일한 남자였다.

후미코는 1922년 5월 동거를 시작하면서 조건을 걸었다.

- 동지로서 함께 살 것
- 내가 여성이라는 관념을 제거할 것
- 둘 중 하나가 사상적으로 타락하여 권력자와 손을 잡게 되면 즉시 공동생활을 관둘 것

후미코는 자신을 온전한 인간으로 대우할 것을 요구하며 '연약한 여성'으로 간주되는 것을 거부했다. 상대를 주인으로 섬기는 노예, 상대를 노예로 보며 가엾게 여기는 주인 둘 다를 거부했다.

후미코는 박열과 함께 재일 조선인 사상 단체인 흑도회에 가입했다. 흑도회는 아나키즘 단체였다. 이곳에서 기관지 〈흑도〉를 발간했는데, 그녀는 조선인 복장을 하고 인삼 행상을 해서 비용을 충당했다. 낮에는 인삼을 팔고 밤에는 편집 작업을 했다. 그녀는 박문자라는 이름으로 인삼을 팔았는데, 〈흑도〉에 광고도 실었다.

마셔라 마셔라,
만인이 두루 아는 영약 조선 인삼을
- 자본가도! 노동자도! 정치가도!
품질은 확실 효능은 보증

그녀 자신도 〈흑도〉에 여러 편의 글을 실었다. 그 안에서 조선의 독립운동을 지지하고 일제의 탄압을 비판하는 글을 게재했다. 그녀 스스로 '후레이센진(不逞鮮人)'을 자처했다.

박열은 후미코를 만나기 전에 의열단과 접촉해서 폭탄을 구하고자 하고 있었다. 후미코는 이 계획에 적극 동참했다. 이들은 천황과 황태자 처단을 위해 폭탄을 구하고자 했는데, 연락책이 체포되면서 계획이 무산됐다. 그녀는 폭탄을 구하러 상하이로 갈 생각까지 했으나 경찰의 감시가 심해서 실행할 수가 없었다. 백방으로 노력했지만 폭탄을 구하는 것은 쉽지 않았다.

1923년 9월 1일 관동대지진이 발생했다. 일제는 민심을 잡기 위해 재일 조선인을 탄압하기 시작했다. 지진으로 인한 화재와 사망의 책임을 재일 조선인의 폭동으로 인한 것이라는 유언비어를 퍼뜨렸다. 이를 빌미로 계엄령이 선포되고 사상이 의심스럽다는 이유로 수많은 재일 조선인을 체포했는데, 이때 박열과 후미코도 포함되었다.

두 사람은 천황 살해 음모를 꾀했다는 죄로 사형 판결을 받았다. 후미코는 결코 후회하지 않았다.

"나는 박열을 알고 있다. 박열을 사랑하고 있다. 우리 둘을 함께 단두대에 세워 달라. 박열과 함께 죽는다면 나는 만족스러울 것이다."

후미코의 당당한 법정 태도에 재판장도 감탄을 해서 "가엾은 학대의 역사를 지녔음에도 천재라 할 재주를 가졌다"라고 그녀에게 동정을 표했다. 이 발언으로 그는 판사직을 사임해야 했다. 이뿐이 아니었다. 이들을 조사한 검사와 예심판사도 두 사람에게 존경심을 가지게 되었고 심지어 조사 중에 두 사람이 함께 사진을 찍도록 허락해 주기도 했다. 이 사진은 유출되어서 신문에 실리게 되어 일본 내각까지 발칵 뒤집히는 대사건이 되고 말았다.

사형 선고 이틀 전에 후미코와 박열은 결혼 신고서를 제출했다. 그녀의 부모가 시신 인도를 거절한 상황이어서 그녀가 결혼 신고를 허락한 것 같다. 사형 판결 후 후미코는 자신의 죽음은 승리의 기록이 될 것이며 혁명의 동지들이 새로운 꽃을 피워 달라는 말을 남겼다. 그녀는 죽음 앞에 당당하게 맞섰던 것이다.

하지만 일제는 이 두 사람을 무기징역으로 감형하고 두 사람이 은사에 감격하여 눈물을 흘렸다는 날조 기사를 내보냈다. 후미코는 은사장을 받자마자 찢어 버렸다. 형무소장은 매주 후미코를 찾아와 개심을 권유하고 사상 서적과 편지 왕래를 금지하는 등의 탄압을 가했다. 후미코는 이에 굴복하지 않고 단식 투쟁과 자살 시도로 항의했다.

그리고 결국은 자살로 삶을 마감했다. 사형 판결 후 4개월 만인 1926년 7월 23일에 벌어진 일이었다.

그녀는 박열을 사랑했다. 옥중에서 보낸 편지에 이런 구절이 있다.

"만일 죽음의 모습이 눈에 보인다면 나는 스스로 나아가서 나의 심장을 그 앞에 내밀고 양손을 벌리고 박열 앞에 막아서고 싶다고 생각합니다."

하지만 그녀는 박열에게 종속된 삶을 살지 않았다. 그녀 자신의 판단과 의지와 결정으로 살아갔다.

"박열이 그의 길을 가는 것처럼 나는 나의 길을 간다. 자신의 세계에서는 자신이 절대자이다. 누구로부터도 방해받지 않고 자신의 길을 곧바로 걸어가기 위해서 나는 혼자가 될 수밖에 없다."

깨어진 거울을 다시 합하다

"아무리 아버지의 명이라고 해도
이는 따를 수 없습니다."

설씨녀와 가실

"파경을 맞다"라는 말은 부부가 헤어지는 것을 가리키는 말이다. 이때 파경이란 한자로 '破鏡'이라고 쓴다. 거울을 깨뜨리다, 라는 뜻이다.

거울을 깨뜨리는 것이 왜 이혼을 의미하는 말이 되었을까?

옛날 중국에서는 결혼할 때 거울과 신발 한 쌍을 선물로 주는 풍습이 있었다. 당시 거울은 유리가 아니라 청동으로 만드는 것이었는데, 청동의 '동(銅)'은 함께한다는 '동(同)'과 발음이 같고, 신발을 가리키는 '혜(鞋)'는 백년해로의 '해(偕)'와 발음이 같기 때문이었다. 즉 함께 백년해로하라는 뜻이 담겨 있었다. 이처럼 거울은 부부애의 상징으로 사용되기도 했다.

신라 진평왕 때, 서라벌 안의 율리라는 마을에 설씨라는 사람이 한 명 살고 있었다. 이 설씨에게는 딸이 하나 있었는데 보는 사람마다 그 아름다움에 경탄을 하는 미녀였다. 하지만 감히 데이트 신청하는 사람은 없었다. 아비와 딸의 이름은 전해지지 않고 그저 성이 설씨라고만 남아 있다.

설씨의 아버지는 나이가 많았지만 평민이어서 군역을 치러야 했다. 대개 평민은 60세까지 군역의 의무가 있었다. 집안에 아들이 없어서 누가 대신할 수도 없었다. 딸은 자신이 대신 가고 싶은 심정이었으나 그것은 불가능했다. 늙고 병든 아버지를 떠나보내야 해서 마음이 찢어지고 있었다.

그런데 설씨를 짝사랑하던 사량부의 소년이 하나 있었다. 가실(嘉實)이라는 이름의 소년은 자신이 원한 바가 있으면 그것을 이루기 위해 노력하는 성실한 아이였다. 가실은 설씨가 아버지의 군역 때문에 근심하고 있다는 말을 듣자 드디어 용기를 내서 설씨를 만났다.

"제가 비록 나약한 몸이지만 일찍부터 뜻과 기개가 있다고 자부해 왔습니다. 제가 아버님의 군역을 대신하겠습니다!"

설씨가 기뻐하며 아버지에게 이 사실을 알렸다. 아버지는 가실을 불러서 말했다.

"그대가 나를 대신하여 군에 간다고 하니, 기쁘기도 하지만 두렵기도 하네. 이 은혜를 무엇으로 보답할까 생각하니, 우리 딸이 어리석고 못생겼다 버리지 않는다면 딸을 보내 자네의 수발을 들게 하겠네."

가실은 두 번 절을 하며 감격해서 말했다.

"감히 바랄 수 없었는데, 이는 제 소원이었습니다!"

가실이 설씨와 혼인 날짜를 잡자고 말하자 설씨가 대답했다.

"혼인은 인륜지대사이니 갑자기 할 수는 없습니다."

가실은 설씨가 자신을 싫어하는 것인가 하여 낯빛이 흐려졌다. 하지만 설씨는 처음으로 용기를 내어 자신에게 다가온 가실을 이미 좋아하고 있었다.

"제가 이미 마음으로 허락하였으니 죽어도 변함이 없을 것입니다."

설씨의 말에 가실의 얼굴에 웃음이 떠올랐다.

"당신이 변방을 지키는 일을 마치고 돌아와 혼례를 치러도 늦지 않을 것입니다."

설씨는 그렇게 말하고 방 안으로 들어가 청동 거울을 가지고 나왔다.

"이 거울을 반으로 쪼개 신표로 삼고, 훗날 이것을 합쳐 봅시다."

연인이 거울을 반으로 쪼개서 나눠 가졌을 때 누군가가 변심을 하면 거울 반쪽이 까치로 변해서 상대방에게 날아가 버린다는 민담이 있었다. 가실은 자신이 가지고 있던 말을 설씨에게 넘겨주었다.

"이 말은 천하의 좋은 말이라 훗날 쓰일 곳이 있을 것입니다. 제가 떠나면 돌봐 줄 사람이 없습니다. 청컨대, 이곳에 두고 쓰시기를 바랍니다."

가실은 이렇게 해서 군역을 떠났다. 원래 3년이 기한이었는데 변경의 상황이 흉흉해서 교대를 할 수가 없었다. 그렇게 6년이 지났는데도 가실은 돌아오지 못했다. 살았는지, 죽었는지도 알 수 없는 상황이었다. 그러자 아버지는 설씨에게 다른 곳으로 시집을 가라고 채근했다.

"처음 기약이 3년이었는데, 그 약속은 이미 깨어졌구나. 다른 집안에 시집가는 것이 좋겠다."

하지만 설씨는 아버지 말을 따르지 않았다.

"가실과 굳게 약속했습니다. 가실은 아버지를 위해서 이 고생을 하는 것입니다. 적지 가까운 곳에서 손의 무기를 놓지 못하고 목숨의 위협을 받고 있는데 제가 어찌 신의를 저버릴 수 있습니까. 사람이라면 그리할 수 없습니다. 아무리 아버지의 명이라 해도 이는 따를 수 없습니다."

하지만 아버지는 딸이 이미 나이가 많이 들었으니 시집을 꼭 보내야겠다고 생각하고 자기 마음대로 동네 사람을 골라 혼인 약속을 해 버렸다.

혼인 날짜가 되자 강제로 끌어내려고 했고, 설씨는 달아나다가 붙잡히고 말았다. 설씨는 마구간에 웅크리고 앉아 가실이 남기고 간 말을 보며 눈물을 흘렸다.

그리고 이 위기의 순간에 천우신조로 가실이 돌아왔다. 긴 군역으로 뼈와 가죽만 남고 의복도 다 해어져 가족들도 못 알아볼 지경이었으나 가실은 설씨의 혼인 소식에 달려와서는 반쪽 거울을 혼인식장에 내던졌다.

설씨가 그 거울을 바로 알아보고 주워 들고는 엉엉 소리를 내며 울음을 터뜨렸다. 설씨의 아버지도 은인이 돌아온 것을 알고 기뻐하며 가실을 맞이했다. 두 사람은 드디어 결혼하여 백년해로를 누리게 되었다.

〈삼국사기-열전〉 중 '설씨녀'에 실린 이야기다. 재미있는 점은 같은 시기에 중국에도 깨진 거울의 사연이 있다는 점이다. 바로 도입부에서 말한 '파경'이라는 말의 출처가 되는 이야기다.

중국 남조의 진나라가 북쪽의 수나라에 맹공을 받던 때였다. 진나라에 살던 서덕언은 전쟁에 불려 나가면서 아내인 낙창공주에게 거울 반쪽을 주고 말했다.

"우리나라가 전쟁에 지면 당신은 황제의 여동생이니 수나라 고관에게 끌려갈 것이오. 내년 정월 보름에 수나라 장안의 시장에서 이 반쪽 거울을 팔도록 하시오. 내가 살아 있다면 꼭 찾아갈 것이오."

진나라는 망하고 중국은 수나라에 의해 통일이 되었다. 낙창공주는 수나라의 공신, 양소의 첩이 되었다. 그리고 남편과 약속한 정월 보름이 되자 하인을 시켜 반쪽 거울을 시장에서 팔게 했다. 이곳에 약속대로 서덕언이 나타났다.

서덕언은 아내의 소식은 알았으나 아내를 되찾을 방법은 없었다. 아내에게 전하는 시를 자신이 가지고 있던 반쪽 거울과 함께 보냈다. 낙창공주는 시와 거울을 받고 통곡을 하며 식음을 전폐했다. 양소가 이 소식을 듣고 두 사람을 애처롭게 여겨 낙창공주를 풀어 주고 두 사람에게 재물까지 주어 생활할 수 있게 해 주었다.

이렇게, 헤어졌던 부부가 다시 만나는 것을 깨어진 거울이 다시 하나가 되었다는 뜻으로 '파경중원'이라고 한다. 같은 시기에 신라와 중국에서 각각 있었던 깨어진 거울의 사연. 두 쌍의 남녀 모두 해피엔드를 맞이했지만 오늘날 깨어진 거울이라는 '파경'은 오직 파탄이 난 부부 사이를 가리키는 말로만 쓰이니 이것도 역사의 아이러니라 할 수 있겠다.

명외교관의 순애보

"조강지처를 마루 아래로
내려가게 해서는 안 된다고 들었습니다."

강수의 아내

신라가 삼국 통일전쟁에 뛰어들었을 때 당나라와의 의사소통은 마치 지금 한국과 미국과의 문제만큼 중차대한 것이었다. 중국어는 외국어일뿐 아니라, 외교 문서는 각종 고사와 비유로 가득 차 있기 때문에 쉽게 읽어 낼 수 없는 문건이었다.

태종 무열왕(김춘추)이 즉위했을 때 당나라에서 사신이 왔는데, 그가 바친 조서가 매우 어려웠다. 이때 이 문건을 막힘없이 풀어낸 청년이 있었다. 지금의 충주 지방인 국원 소경에서 온 신입 관리였다. 태종 무열왕이 놀라워하며 이름이 뭔가 물어보았다.

"신은 임나가라 사람으로, 이름은 우두(牛頭)라 하옵니다."

"우두라니? 소머리라는 이야기 아닌가? 왜 그런 이름이 붙었는가?"

"신의 뒷머리에 뿔같이 뼈가 튀어나와 그렇습니다."

태종 무열왕이 관을 벗게 하고 보니 과연 그러했다.

"네 머리를 보니 과연 강수(强首) 선생이라 부를 만하다."

이렇게 해서 그는 '소머리'라는 이름 대신 '강한 머리'라는 뜻의 이름을 하사받았다. 삼국 통일전쟁 때 외교 문서 일체를 담당했던 명외교관의 첫 등장이었다.

강수는 태어났을 때부터 머리가 희한하게 생겼었다. 걱정이 된 아버지 석체는 당시 뛰어난 현자를 찾아가 아이의 머리에 대해 물어보기도 했다. 걱정할 일이 아니고 기이한 인물이 될 것이라는 말을 들은 아버지는 아들을 나라의 으뜸가는 선비로 키우겠다고 결심했다. 아들은 유학을 선택하여 공부했고, 노력의 결과로 뛰어난 학식을 갖추게 되었다.

강수는 이웃 마을 대장장이의 딸을 좋아해서 혼인하기 전에 이미 깊은 사이가 되었었다. 이를 한때의 장난으로 생각한 아버지는 국원 소경의 처녀 중 용모와 행실이 아름다운 사람을 골라 며느리로 맞을 생각을 했다. 아들이 국왕으로부터 강수라는 이름까지 하사받은 상황이니 아버지의 자부심이 하늘을 찌를 것처럼 올라갔던 것이다.

하지만 그걸 안 강수가 펄쩍 뛰면서 반대를 했다.

"소자는 이미 혼인을 한 몸입니다. 두 번 장가갈 수 없습니다."

아들의 뜻을 늘 따른 아버지였지만 이번에는 크게 화를 냈다.

"너는 이미 널리 알려져 나라 사람 중에 네 이름을 모르는 이가 없다. 그런데 대장장이 딸처럼 미천한 여자를 아내로 맞으면 얼마나 부끄러운 일이겠느냐! 마음을 돌려라."

강수는 아버지에게 두 번 절을 올리고는 비장한 목소리로 말했다.

"가난하고 미천한 것은 부끄러운 일이 아닙니다. 도를 배우고 그것을 실천하지 않는 것이 진정 부끄러운 것입니다. 일찍이 옛사람의 말을 들었는데, '조강지처(糟糠之妻)는 마루에서 뜰에 내려오지 않게 하며, 가난하고 미천할 때에 사귄 친구는 잊을 수 없다'고 하였으니 미천한 아내라고 해서 버릴 수는 없는 것입니다."

조강지처의 '조(糟)'는 술을 만들고 남은 쌀 찌꺼기, '강(糠)'은 쌀겨를 뜻한다. '조강(糟糠)'은 가난한 처지에 먹는 보잘것없는 음식을 말한다. 즉 어려운 시절을 같이 보낸 아내를 조강지처라 하는데, 이 말은 후한 광무제 때 청백리 송홍이라는 사람의 일화에서 나온 것이다.

광무제의 누나인 호양공주는 일찍 남편을 여읜 몸이었는데, 송홍의 인품과 풍모를 사랑했다. 하지만 송홍에게는 이미 아내가 있었다. 하루는 송홍이 광무제를 찾아왔는데 마침 호양공주가 같이 있었기에 광무제는 호양공주를 병풍 뒤에 숨기고 송홍의 속내를 떠보았다.

"속담에 이르기를 사람의 지위가 높아지면 친구를 바꾸고 집이 부유해지면 아내를 바꾼다고 하던데, 이것이 인지상정이 아니겠는가?"

송홍이 대답했다.

"어려울 때 사귄 친구를 잊어서는 안 되고, 조강지처를 마루 아래로 내려가게 해서는 안 된다고 신은 들었습니다."

광무제와 호양공주는 송홍의 마음을 돌릴 수 없다는 것을 알았다.

석체도 강수의 뜻을 꺾을 수 없다는 것을 알고 결국 대장장이 딸을 며느리로 인정하고 말았다.

강수는 당나라에 보내는 외교 문서를 지었고, 그 뛰어난 문장을 보고 태종 무열왕은 그를 이름으로 부르지 않고 임선생이라 부르게 되었다.

강수는 따로 생계를 구하지 않아 집이 가난했다. 태종 무열왕은 그를 위해 신성의 곡물 100석을 매년 보내 주었다. 삼국통일이 완수된 후, 문무왕은 강수의 공을 높이 치하하고 매년 곡물 200석을 보내 주었다. 신문왕 때 강수가 죽자 나라에서 장례비용을 모두 감당했다. 강수의 처는 들어온 조문품을 모두 절에 희사했다.

그 뒤 그녀는 고향으로 돌아가고자 했다. 강수의 공을 기억하는 대신이 신문왕에게 강수의 아내 일을 고했다.

"삼국통일에 큰 공을 세운 강수의 아내가 가난하여 먹을 것이 없다는 이유로 고향으로 돌아가려고 하니, 나라에서 보살펴 주어야 합니다."

신문왕이 곡물 100석을 하사했다. 하지만 강수의 아내는 받지 않았다.

"저는 본래 천한 사람입니다. 지금까지 남편을 따라 나라의 은혜

를 많이 받았습니다. 이제 홀몸이 되었으니 어찌 감히 욕되게 나라
가 내리는 후한 사은품을 받을 수 있겠습니까?"

　강수의 아내는 사랑했던 남편을 그리며 그와의 추억이 서린 고
향으로 돌아갔다.

행복으로의 탈출

"나는 후회하지 않아요. 그대를 다시 만나서
함께 지낼 수 있어서."

옥소
‥‥‥‥

668년 9월, 고구려의 평양성이 함락되었다. 성안은 아수라장이
되었다. 신라군과 당나라군이 쏟아져 들어왔다. 당나라 장수들은
약탈에 눈이 벌게져 있었다. 재물과 여인이 대상이었다. 반항하는
사람은 죽여도 무방했다. 그 오랜 세월 당나라를 괴롭혔던 나라의
멸망이었다.

원정에서 돌아온 중서성 관리 곽정일은 흐뭇하기가 이만저만이
아니었다. 그는 이 일로 크게 한몫을 챙겼는데, 그중에서도 최고는
절세 미녀 옥소(玉素)를 노비로 얻은 것이었다. 청순하면서도 요염
한 모습을 가진, 말로 형언하기 어려운 미녀였다. 옥과 같이 흰 피
부를 지녀 이름도 옥소였다.

곽정일의 총애가 깊어서 그녀는 집안의 재물 창고를 관리하는
임무를 맡았다. 물론 곽정일 옆에서 시중을 드는 것도 그녀의 임무

였다. 하지만 그녀에게는 본래 사랑하는 사람이 있었다. 전쟁 중에 그가 어찌 되었는지 알 수 없었다. 그녀는 언젠가는 그의 소식을 알 날이 있으리라 생각하고 죽지 못해 살고 있었다.

곽정일의 집에서 말을 살피는 노비가 있었다. 하루는 옥소에게 다가와 조용히 말을 걸었다.

"전할 게 있으니 이따 마구간으로 와라."

마구간 지기는 평소에도 그녀를 불쌍히 여겼기에 옥소는 재물 창고를 가는 척하고 마구간으로 갔다. 마구간 지기는 아무 말 없이 쪽지 하나를 보여 주었다.

금성방 중에 빈집이 하나 있다.

장안성은 민간 거주 지역을 '방'이라 불렀는데 모두 108개가 있었다. 금성방은 그중에 하나였다. 장안성은 장안현과 만년현으로 나뉘어지는데, 곽정일의 집과 금성방은 모두 만년현에 속했다.

옥소의 눈에서 주르륵 눈물이 흘러내렸다. 이 글씨체를 알고 있었다. 그이가 죽지 않고 이 먼 장안성까지 자기를 찾아서 온 것이다. 옥소는 탈출을 해야만 했다.

"고마워요. 이 사람은 어떤가요? 괜찮았나요?"

"그 사람은 널 만나려고 항복했다고 하더구나. 내가 도와줄 수 있어서 다행이다."

그날 밤 곽정일은 물과 죽을 가져오라고 호통을 쳤다. 옥소는 기회가 왔다고 여겼다.

"죽은 다시 끓여야 해요. 조금만 기다리시면 가지고 올게요."

"미리미리 챙겨 놨어야지! 어서 끓여 와라. 날 굶겨 죽일 작정이냐?"

옥소는 죽을 끓이면서 그 안에 독약을 넣었다. 재물 창고 안에는 각종 약재가 있었고 옥소는 자살을 꿈꾸며 독약을 모아 놓았었다.

"가져왔어요."

"물은?"

"아 참, 가져올게요."

옥소는 그렇게 말하고는 그 길로 도망을 쳤다. 이제 곽정일이 죽으면 난리가 날 것이고 계집종 하나 없어진 것은 어쩌면 아무도 모를 것이라고 생각했다.

하지만 독도 써 본 사람이 쓸 수 있는 것이었다. 죽을 한 입 먹은 곽정일은 바로 혀에 통증을 느끼고 몸이 마비되는 것을 알아차려 독이 들어간 것을 깨달았다.

"옥소, 옥소, 어디 있느냐?"

하지만 옥소는 보이지 않았다.

"누구 없느냐? 어서 이리 와라! 어서!"

하인들이 달려오자 곽정일이 다급하게 말했다.

"토장과 감초를 가져와라. 독을 먹었다. 빨리!"

곽정일의 마비는 한동안 갔다. 정신을 차린 뒤에 옥소를 다시 불렀으나 보이질 않았다. 곽정일은 불길한 마음에 재물 창고를 점검

하러 가 보았다. 금접시, 은접시 등 귀중한 물건들이 여러 개 없어진 상태였다.

곽정일은 분해서 참을 수가 없었다. 자기가 얼마나 아꼈는데 감히 자기를 죽이려 들다니! 참을 수가 없었다. 그는 관병을 동원하기 위해 황제에게 상소했다. 고종 역시 분개해서 만년현의 수사대장 불량을 불러들였다.

"당장 범인을 잡아들여라. 네 등이 문드러지더라도 찾아내야 한다. 가마솥의 물을 펄펄 끓이는 것처럼 남김없이 다 뒤져서 옥소를 찾아내라!"

불량은 휘하 병력을 다 동원해서 수색을 시작했지만 전혀 단서를 발견할 수가 없었다. 사흘이 지나자 슬슬 자기 목이 위태롭게 여겨졌다.

"저한테 한 가지 방법이 있습니다."

불량의 부하 위창이 제안을 했다. 물불을 가릴 처지가 아니니 마음대로 해 보라고 하자 위창은 바로 곽정일 집의 노비 중 단정하고 나이 어린 자들을 골라 머리에 무명옷을 씌우고 포청으로 끌고 갔다.

"위사들을 묶어라!"

위창의 지시로 포청에 있던 위사 네 명이 포승줄에 묶였다. 위창이 끌고 와 벌벌 떨고 있는 노비들을 가리키며 말했다.

"저 꼴이 되고 싶지 않으면 알고 있는 바를 털어놓아라."

"왜 이러십니까? 무엇을 말씀입니까?"

위창은 노비들에게 채찍질을 하며 말했다.

"너희는 늘 곽대인의 집 앞을 순찰을 돌고 있다. 뭔가 알고 있는 것이 있을 것이다."

"뭐든 말씀드리겠습니다."

"열흘 동안 곽대인의 집을 염탐한 놈이 분명 있었을 것이다. 빨리 고해라."

위사 하나가 입을 열었다.

"그러고 보니 귀화한 고려인이 하나 있었습니다."

귀화한 고려인이란 전쟁 포로가 아니라 투항한 고구려인을 가리키는 말이다.

"그자가 곽대인의 마구간 지기에게 쪽지를 전하는 것을 보았습니다."

위창은 즉각 마구간 지기를 붙잡았다. 매질이 퍼부어졌지만 마구간 지기는 입을 열지 않았다.

"옥소는 행복을 찾아 떠났다. 그 아이는 이런 곳에서 그런 대접을 받아서는 안 되는 아이였다."

마구간 지기는 끝까지 옥소에 대한 의리를 지켰다. 하지만 위창은 마구간을 뒤져서 쪽지를 찾아냈다.

"금성방에 숨어 있구나. 모두 출동해라."

금성방의 집들을 하나하나 수색하는데 옥소와 고려인이 숨어 있는 곳은 쉽게 발견되지 않았다.

"나리, 빈집이 없습니다."

"그럴 리가 없다. 철저히 수색했느냐?"

"문이 잠겨 있어서 들어가지 못한 집이 하나 있었습니다."

"이런 바보 같으니라고! 그 집이다. 당장 가자."

자물쇠를 박살 내고 들어가자 과연 그 집에 옥소와 그의 정인이 숨어 있었다. 정인은 슬피 우는 옥소에게 말했다.

"나는 후회하지 않아요. 그대를 다시 만나서 함께 지낼 수 있었으니."

옥소와 정인, 마구간 지기는 모두 참수형에 처해졌다.

망국의 슬픈 이야기는 장작(張鷟)이 쓴 〈조야첨재〉라는 책에 나온다. 당나라 때 관리들의 이야기와 신비로운 이야기를 담은 책이다. 장작은 과거를 여덟 번이나 보았는데 모두 장원을 한 수재였다. 이 일은 그가 직접 보고 들었을 것이다. 이 글은 〈조야첨재〉에 전하는 이야기를 소설처럼 엮은 것이다.

3

버들꽃 붉은 자태 잠깐 동안 봄이려니

청산리 벽계수야 쉬이 감을 자랑 마라

"마땅히 그대와 함께 6년을 살아야겠습니다."

황진이

　황진이(黃眞伊)는 조선 전기인 중종~명종 연간에 살았던 기생이다. 본명은 황진(黃眞), 기명은 명월(明月)이었으며 일명 진랑(眞娘)이라고도 했다. 황진이는 황 진사의 서녀라는 말도 있고, 맹인의 딸이었다는 말도 있다. 황진이의 출생에 대해서는 이런 이야기도 전해 온다.

　황진이의 어머니는 현금(玄琴)이라 하는데 역시 아름다운 여인이었다. 18세 때에 병부교 밑에서 빨래를 하는데 다리 위에 화려한 복색을 한 단정하게 생긴 사내가 현금을 바라보며 웃으며 가리키고 있었다. 현금도 그 사내가 마음에 들었다.

　사내는 홀연히 사라졌다가 빨래가 끝난 저녁 때 다시 다리 위에 나타나 아름다운 노래를 불렀다. 현금은 정신없이 들었고, 노래를 마친 사내는 그녀에게 물 한 바가지를 청했다. 현금이 표주박에 물을 담아 주니 사내가 반쯤 들이켜고는 현금에게 표주박을 건네며 말했다.

"그대도 마셔 보시오."

현금이 맛을 보니, 이게 웬일인가. 그것은 물이 아니라 술이었다. 현금은 그 사내가 보통 사람이 아니라고 여겨 같이 살게 되었는데, 이 둘 사이에서 태어난 것이 황진이었다.

이 이야기는 '한음과 오성'으로 유명한 한음 이덕형이 개성에 있을 때 황진이의 일가였던 팔십 먹은 노인에게서 들었다고 한다.

황진이의 어머니 이름인 현금은 거문고라는 뜻이다. 이로 미루어 황진이는 기생의 딸이었던 것으로 보인다. 맹인은 아버지가 아니라 어머니라는 기록도 있다. 눈이 나쁜 기생으로 거문고를 잘 타서 현금이라는 별칭을 받았을 가능성도 있다. 황진이가 황 진사의 딸이라는 기록은 19세기에 와서야 등장하는 것으로 다른 기록과 충돌하기 때문에 다 믿을 수 있는지 의문이다.

황진이가 기생이 된 사연으로 그녀를 짝사랑하던 이웃집 서생이 상사병으로 죽은 이야기가 유명하다. 이 이야기 역시 19세기에 처음 기록된 것이다.

서생의 시신을 담은 상여가 묘지로 가다가 황진이의 집 앞에 서더니 옴짝달싹하지 않았다. 자초지종을 들은 황진이는 저고리를 내주었는데, 그러자 상여가 움직였다. 이 일로 황진이는 크게 느낀 바 있어 기생이 되기로 결심했다고 한다. 이때 황진이의 나이가 15~16세였다.

그러나 이 이야기는 노래 잘하고 시 잘 짓는 뛰어난 여성이 왜 기생으로 살았을까, 라는 의문에 대한 후대의 해석일 가능성이 높다. 황진이의 뛰어난 재주는 그녀가 양반 출신이라 가질 수 있었던 것이고 그녀가 타락하여 기생이 되었다는 속내를 이렇게 표현한 것으로 보인다.

이미 말한 바와 같이 황진이가 황 진사의 서녀일 가능성은 매우 낮다. 어머니가 기생이었고, 조선의 법에 따라 황진이도 기생이 되었던 것으로 보는 것이 더 타당할 것이다.

황진이는 미모가 워낙 뛰어나 딱히 분장을 할 필요를 느끼지 못한 것 같다. 특히 성품도 협객과 같은 호방함을 가지고 있었으며 쾌활하기 이를 데 없었다. 그녀는 기생이었으나 성품이 고결하여 화려한 것을 좋아하지 않았다. 관에서 불러도 세수하고 빗질만 하고 나갈 뿐, 옷도 갈아입지 않았다. 방탕하거나 난잡하지 않아서 돈을 아무리 많이 준다 해도 누구든 함부로 만나지 않고, 선비들을 가까이하고 시집 읽는 것을 좋아했다.

개성 유수로 송공이 부임했을 때, 황진이도 불려 와 인사를 했다. 송공은 한풍류하던 노인이라 황진이를 보자마자 걸물인 것을 알았다. 좌우를 돌아보며 "이름이 헛되지 않았도다"라고 감탄했다.

송공의 첩도 관서에서 이름난 절색이었는데 문틈으로 황진이를 바라보고는, "과연 절색이로세! 난 완전히 망했어!"라고 머리도 올리지 않은 채 맨발로 방에서 뛰쳐나왔다. 송공의 사랑이 황진이에게 옮아갈까 봐 좌절했던 것이다. 하인들이 놀라서 붙들었으나 놓치고 말았다. 송공이 놀라 자리에서 일어나는 바람에 그날 모임은 그것으로 파했다.

송공의 어머니 생신 때 기생들을 불러 잔치를 열었는데, 한양에서까지 불러 큰 행사로 치렀다. 붉게 분칠한 여자들이 비단옷을 휘감고 호화찬란하게 있는 가운데 한 여인이 들어섰다.

화려한 옷차림도 아니고 분칠도 하지 않았지만 움직일 때마다 광채가 어른거리는 그 여인은 물론 황진이었다. 기가 막히게 아름다운 모습이었으나 송공은 또 애첩이 뛰쳐나올까 봐 차마 황진이를 쳐다보지도 못했다. 그러다 송공도 거나하게 술이 취한 끝에 황진이에게 술을 권하고는 옆에 앉아 노래 한 곡조를 불러 달라 청했다.

황진이는 옷매무새를 가다듬고는 노래를 시작했다. 맑고 고운 노랫소리가 간들거리면서 끊이지 않고 하늘에 사무치게 울려 퍼졌다. 높은 소리, 낮은 소리 모두 맑고 고우니 지금까지 들어 본 적이 없는 노래였다. 송공이 무릎을 치며 감탄했다.

"천재로다."

이 자리에 70세 먹은 악공 엄수가 있었는데, 가야금의 명인으로 온 나라에 명성이 자자한 사람이었다. 황진이의 모습을 보고는 선녀가 따로 없다고 감탄했는데, 그녀의 노래를 듣더니 자리에서 벌떡 일어나고 말았다.

"이건 신선의 노래다. 세상에 이런 곡조가 있을 줄이야!"

이 자리에는 명에서 온 사신도 있었는데, 황진이의 얼굴에 눈을 떼지 못하고 있다가 통역을 불러 감탄하며 말했다.

"너의 나라에 천하절색이 있구나!"

황진이는 금강산이 천하제일 명산이라는 소리에 평소 그곳에 한번 가 보기를 소원했다. 마침 재상가의 아들 이생이라는 사람을 알았는데 사람됨이 호탕하고 속되지 않아서 같이 여행을 떠날 만했다. 황진이가 이생에게 말했다.

"중국 사람도 고려국에 태어나 금강산에 한번 가 보는 것이 소원이라고 하는데 우리나라 사람이 되어서 금강산을 못 가 본다는 것이 말이 되겠습니까? 우연찮게도 선랑과 짝이 되었으니 신선처럼 유람을 다녀봄이 어떻겠습니까?"

두 사람은 하인도 없이 함께 여행을 떠나기로 했다. 이생은 베옷에 초립을 걸치고 식량도 직접 걸머지었다. 황진이는 겨우살이풀로 만든 둥근 모자를 쓰고 칡베 적삼에 무명 치마를 입고 대나무 지팡이를 짚고 길을 나섰다.

두 사람은 금강산을 샅샅이 구경했다. 때로 돈이 떨어지면 절에 가 구걸을 하기도 하고, 어쩔 수 없을 때는 황진이가 수청을 들어 식량을 구할 때도 있었다. 이생은 그렇다고 해서 황진이를 멀리하지 않았다. 한번은 유람 온 선비들을 만나 노래를 부르기도 했다. 그들은 감탄하여 술과 고기를 나눠 주었다.

두 사람은 태백산, 지리산을 거쳐 나주에 이르렀다. 마침 고을 사또가 잔치 중이었다. 사방에 노래하는 기생이 가득한데, 꾀죄죄한 차림에 땟국물이 흐르는 여자가 척척 걸어 들어가 제일 윗자리에 앉아서는 이를 잡으며 노래를 부르더니 거문고를 잡고 연주를 했다. 그 소리가 천하제일이고 연주 또한 기가 막히니 기생들이 모두 기가 죽어 버렸다.

이렇게 1년을 전국 유람하고 다녔다. 송도에선 다들 죽었나 살았나 하고 있는데, 새까매진 얼굴에 다 떨어진 옷을 입고 두 사람이 나타나 모두를 놀래켰다. 황진이의 호방함이 대충 이러했다.

조선 시대의 결혼이란 중매가 기본이었다. 신랑, 신부는 결혼식 당일까지 얼굴을 보지 못하는 것이 당연했고, 따라서 연애라는 것은 결혼 후에서야 부부 신분에서 이루어지는 셈이었다.

기생은 신분적으로 천민에 속하지만 다른 한편으로 생각하면 연애는 자신의 뜻대로 할 수 있는 몸이기도 했다. 마음에 든 사람과 연애를 해도 무방했다. 관기라 해서 관에서 제대로 된 월급이 나오는 것은 아니었기 때문에 그런 자유를 막지도 않았던 것으로 보인다. 기적에 이름이 올라 있으면 다른 사람의 아내라 해도 관의 호출이 올 때 나가야 했다. 그러나 이런 일이 어떤 법에 따라 칼처럼 지켜진 것은 아닌 것 같다. 기생의 명성이 높으면 더욱 큰 자유를 누릴 수 있던 걸로 보인다. 그런 면에서 보면 황진이는 최상층에 있는 기생이었다.

황진이가 가장 사랑했던 사람은 당대의 명창으로 이름 높았다는 선전관 이사종이 아닐까 한다. 황진이는 노래 잘하는 이들을 아꼈다.

이사종은 황진이를 만나려고 치밀한 계획을 세웠다. 그는 황진이가 지나가는 때를 노려 송도 동쪽에 있는 천수원(역과 역 사이의 휴게소) 냇가로 말을 타고 갔다. 그곳에 말의 안장을 내려놓고는 옆에 벌렁 누웠다. 관은 벗어서 배 위에 올려놓은 채 노래를 부르기 시작했다. 길을 지나던 황진이는 노랫소리에 걸음을 멈추었다.

"이 곡조가 매우 특이하니 일개 촌부의 것이 아니다. 듣기에 한양 풍류객 이사종이 당대 최고의 절창이라 하니 그 사람이 온 것일 게다."

황진이는 냇가에 있는 이사종을 발견했다. 그 길로 이사종을 집으로 데려가 극진히 대접한 뒤에 이렇게 말했다.

"마땅히 그대와 함께 6년을 살아야겠습니다."

황진이는 우물쭈물하는 성격이 아니었다. 그 즉시 자신의 재물을 모두 이사종의 집으로 보내고, 이사종의 부모와 처자식까지 모두 자신의 재산으로 부양을 했다. 황진이는 소매에 비구(활동에 편리하게 소매를 묶는 가죽끈)를 착용하고 집안일을 손수 다 했다. 그리고 3년이 지나자 이번에는 이사종이 황진이 일가를 그녀가 했던 것과 똑같이 부양했다. 이렇게 3년이 또 흐르고, 황진이는 이사종에게 작별을 고했다.

"약속한 기한이 다 되었습니다."

황진이가 사랑한 명창 중에는 이언방이라는 사람도 있었다. 그가 노래를 하면 좌중 하나 빠짐없이 눈물을 흘릴 정도였다. 그가 평양에 갔을 때 교방에서 공부하던 그들이 200여 명이 있었다. 기생이 노래를 하면 이언방이 화답하여 노래했는데 기생의 소리를 흉내 내는 데 하나 막힘이 없었다. 황진이도 이런 이언방의 소문을 듣고 그의 집을 찾아간 바 있었다. 이언방은 황진이를 보고 놀려줄 생각으로 희롱을 했다.

"형님이 마침 없소이다. 하지만 나도 노래를 좀 하니 들어 보시오."

이언방의 노래를 들은 황진이는 환하게 웃으며 그의 손을 잡았다.

"세상에 이런 소리가 어디에 또 있겠습니까? 이언방이 아니고 누가 이런 소리를 할 수 있겠습니까?"

황진이가 소리를 사랑하는 것이 이와 같았는데, 이후 두 사람이 깊은 사랑을 나누었을 것은 미루어 짐작할 수 있다.

황진이가 쓴 시 중에는 김경원(金慶元)과 헤어지며 쓴 것이 있다. 동시대에 충청도 병마절도사를 한 사람이 있는데, 그가 맞다면 황진이보다 연하였을 것 같다.

삼세의 굳은 인연 좋은 짝이니
이승서의 죽고 삶 둘만이 알아
꽃다운 양주 언약 저바리겠소
다만야 두목(杜牧)처럼 한량이라 걱정
(김안서 역)

두목은 당나라 때 유명한 문인으로, 양주의 술집 골목을 지날 때면 그를 유혹하려는 여인들이 던진 귤이 그가 탄 수레에 가득 찼다고 할 정도로 잘생긴 풍류남아였다고 한다. 삼세의 인연이 나올 만큼 사랑했던 사람인 모양이지만 이 시 외에는 남겨진 이야기가 없다.

황진이 이야기에 빠질 수 없는 사람이 화담 서경덕이다. 화담 서경덕은 황진이가 내내 흠모한 선비였다.

황진이는 종종 화담의 집에 거문고와 술을 가지고 가서 함께 지내다 왔는데, 화담은 황진이의 노래는 사랑했지만 그녀와 육체관계는 가지려 하지 않았다. 황진이는 화담을 이렇게 평했다.

"30년 면벽을 한 지족선사를 꺾었는데, 화담 선생은 여러 해 가까이 지냈으나 한 번도 나를 탐하지 않았으니 참으로 성인이다."

전하기를 지족선사는 대흥사의 중으로 선승이었다는 말도 있지만, 불공 비용을 만석이나 받는 탐욕스러운 중이었다는 말도 전한다. 황진이와 관계해서 파계하고 말았는데 개성 지방에서는 사월초파일에 이를 놀리는 '만석희'라는 인형극을 공연하곤 했다.

황진이는 시와 시조도 잘 지었다. 그에 얽힌 일화 하나를 소개한다.

소세양이라는 선비가 있어서 황진이를 만나러 가면서 이렇게 말했다.

"여자에게 빠져 헤어나지 못하는 건 사내가 아니다. 내가 황진이와 딱 30일만 지내고 곧장 돌아올 것이다. 하루라고 더 있으면 날 사람이 아니라고 말하라."

소세양이 황진이를 만나 한 달을 같이 지냈다. 그 뒤에 떠나겠다
고 하는데 황진이는 섭섭한 기색이 안 보였다.

"대감이 떠나신다니 제가 시 한 수를 올리겠습니다."

그러라고 하자 황진이는 한시를 써서 바쳤다.

달 아래 오동잎 떨어지고

들국화는 서리 속에 노랗구나

누대는 높이 솟아 하늘과 일 척간

사람은 취했으니 천 잔 술을 마셨도다

흐르는 물소리는 거문고 소리마냥 차가운데

피리 소리 안에는 매화향이 들어 있네

내일 아침 이별 후에

그리움은 길이길이 푸르게 물결치리라

소세양은 이 시를 몇 번이나 읊조리더니 그만 탄식을 내뱉고 말
았다.

"에라, 나는 사람이 아닌 걸로 하자."

황진이와 벽계수의 로맨스는 세간에 널리 알려져 있으나 과장
된 것이다. 두 사람 사이에 해프닝은 있었으나 로맨스는 없었다.

벽계수가 실존 인물인가 하는 점이 의문이 되던 때도 있었으나,

중종 때 벽계도정 벼슬을 지낸 이종숙이 벽계수라는 것이 밝혀졌다. 세종대왕의 증손자가 된다.

벽계수는 평소 황진이의 미모에 대한 이야기를 듣고 꼭 만나 보고 싶었으나 황진이는 풍류 명사가 아니면 만나 주질 않았다. 몸이 달은 벽계수가 이달을 만나 꾀를 구했다. 이달은 기생을 어머니로 둔 서출로 여러 기생과 친하게 지내는 방탕한 사람이었다. 파격적이라면 손에 꼽힐 허균조차도 이달이라면 머리를 흔들 정도였다. 황진이와 금강산 기행을 같이 간 이생이 이달이 아닐까 하는 추측도 있다. 아무튼 기생에 대해서라면 모르는 게 없는 이달이니 교묘한 계책을 내주었다.

"공이 황진이를 한 번이라도 보고자 한다면 내 말을 따라야 하는데, 과연 할 수 있겠습니까?"

"물론이지. 꼭 그대로 하겠네."

"공은 나귀를 타고 어린아이에게 가야금을 지니고 따라오게 하십시오. 그렇게 진랑의 집을 지나 누각에 올라 술을 가져오게 하여 마시면서 가야금을 타면 황진이가 필시 공의 옆에 와 앉을 것입니다. 이때 황진이를 본 척 만 척하면서 일어나 나귀를 타고 가면 황진이가 따라올 것입니다. 취적교를 지날 때까지 황진이를 돌아보지 않을 수 있다면 일이 이루어질 것입니다. 하지만 그렇게 하지 못하면 만사는 도로아미타불이 될 것입니다."

벽계수는 꼭 그렇게 하겠다고 단단히 약속했다.

과연 모든 일이 이달의 말처럼 이루어졌다. 벽계수는 두근거리는 마음으로 취적교에 도달했다. 취적교는 개성 남쪽에 있는 다리로 그 이름은 피리를 부는 다리라는 뜻이다. 옛날 동진 시절의 은거 기인 죽림칠현의 고사에서 유래한 이름이다. 죽림칠현 중 한 사람, 혜강이 죽은 후에 친구였던 상수가 그를 그리워하며 피리를 불었다는 데서 유래한 것으로 헤어짐을 슬퍼하고 옛날을 그리워한다는 의미를 지녔다.

황진이는 이 다리에서 가야금을 든 아이에게 주인이 누구냐고 물어서 벽계수라는 답을 얻었다. 그러자 황진이는 즉석에서 시조를 지어 창을 했다.

청산리 벽계수야 쉬이 감을 자랑 마라.
일도창해하면 다시 오기 어려우니
명월이 만공산할제 쉬어감이 어떠하리

노래가 절묘하였는데 황진이의 노랫소리는 더더욱 절묘하니 벽계수는 그 소리를 뿌리치고 발길을 옮길 수가 없었다. 노래를 부르는 황진이를 보고 싶은 마음을 이기지 못하고 고개를 홱 돌리다가 그만 나귀에서 떨어지고 말았다. 서양에는 사람의 마음을 홀리는 사이렌이 있다고 하던데, 조선에는 선비의 마음을 홀리는 황진이가 있었다.

황진이는 나귀에서 떨어진 벽계수를 가리키며 웃으며 말했다.

"이 사람은 명사가 아니다. 풍류랑일 뿐이다."

그러더니 황진이는 홱 돌아서서 떠나 버렸다. 벽계수는 창피한 마음을 이루 헤아릴 수가 없었다. 황진이에게는 종친이라는 신분 같은 것은 하나도 중요한 의미를 지니지 않았다. 그녀는 예술을 찾고 그것을 이해하는 사람을 그리워할 뿐이었다.

황진이의 시조는 가람 이병기가 "400년 전의 황진이의 시조는 실로 완벽을 이룬 것"이라고 평가할 만큼 뛰어나다.

지족선사를 파계시킨 뒤에 지었다는 시조를 한번 보자.

청산은 내 뜻이오 녹수는 님의 정이,
녹수 흘러간들 청산이야 변할손가
녹수도 청산을 못 잊어 우러예어 가는고

청산이 황진이를 상징하는지, 녹수가 황진이를 상징하는지를 놓고 오늘도 학자들은 설왕설래를 하고 있다. 그만큼 상징성을 풍부하게 담았다. 황진이의 한시 중에 가곡으로도 유명한 '상사몽'도 있다. 시인 김억이 이렇게 옮긴 바 있다.

꿈길밖에 길이 없어 꿈길로 가니
그 님은 나를 찾아 길 떠나셨네
이 뒤엘랑 밤마다 어긋나는 꿈
같이 떠나 노중에서 만나를 지고
꿈길 따라 그 님을 만나러 가니

길 떠났네 그 님은 나를 찾으려
밤마다 어긋나는 꿈일 양이면
같이 떠나 노중에서 만나를 지고

서경덕과 재치 넘치게 주고받은 시도 있다.

마음이 어리니 하는 일이 다 어리다
만중운산에 어찌 님 오리마는
지는 잎 부는 바람에 행여 그인가 하노라

서경덕이 잎새 지는 소리를 황진이가 오는 소리인 줄 알았다고
시를 쓴 것이다. 황진이는 이렇게 화답했다.

내 언제 신의 없어 님을 언제 속였관대
달 지는 삼경에 님 찾을 뜻이 없네
추풍에 지는 잎 소리야 낸들 어이 하리

사랑하던 이사종과의 헤어진 뒤 그를 그리며 쓴 시조는 이러하
다.

동짓날 기나긴 밤을 한 허리를 베어내어
춘풍 이불 아래 서리서리 넣었다가

마지막 행의 '얼운 님'은 '어르신'이라는 뜻도 되고, '정을 통하다'는 뜻고 있고, '추위에 얼은'이라는 뜻으로도 풀 수 있다. 시구의 사용이 절묘하기가 이루 말할 수 없다.

황진이는 안타깝게도 마흔 즈음에 숨을 거두었는데, 죽을 때 집안사람들에게 이렇게 말했다.

"나는 성격이 자유분방하고 화려한 것을 좋아했으니 산골짜기에 묻어 쓸쓸히 만들지 말고 길가에 무덤을 지어 주시오. 그리고 상여가 나갈 때 곡은 제발 하지 말고 풍악을 울려 길을 안내하시오."

황진이는 스스로에 대한 자부심이 강한 여성이었다. 일찍이 화담 서경덕에게 송도에 삼절이 있다고 이야기한 바 있었다. 화담이 그것이 무엇이냐고 묻자,

"박연 폭포와 선생과 접니다."

라고 말해서 화담이 웃었다 한다. 허균 역시 황진이가 여자 중 빼어났으니 그녀의 말이 망령되지 않았다, 라고 인정한 바 있었다.

조선 말에 이르면 유교적 관점에서 황진이를 평가하려는 움직임이 발생하고 그런 결과 황진이가 죽으면서 자신의 일생을 후회했다는 이야기가 만들어지기도 했다.

"나는 스스로를 사랑하지 못하고 천하 남자를 위해 살아 이 지경에 이르렀으니 내가 죽거든 관을 쓰지 말고 동문 밖 모래와 물이

있는 곳에 버려 개미, 여우, 너구리가 내 살을 먹어 치우게 하라. 천하 여자들에게 진이로 경계를 삼게 하리라."

이래서 황진이 시체를 내다 버렸는데 어떤 남자가 장사를 지내주어 무덤이 생겼다는 것이다.

앞서 말한 황진이가 양반집 서녀로 이웃집 도령의 죽음으로 기생이 되었다는 이야기나 이런 이야기나 모두 김택영(1850~1927)이 쓴 〈숭양기구전〉(1896년)에 나오는 것으로 사실일 가능성이 없다. 김택영은 난세에 도덕을 바로 세우고자 하는 일념으로 이런 이야기를 쓴 것이 아닐까 생각한다.

하지만 그 때문에 황진이의 일생이 크게 어지럽게 되고 말았다. 기생이라는 천민 신분에 묶였지만 누구보다 뜨겁게, 자유롭게 살아간 사람이 황진이라 할 수 있겠다.

정실부인이 된 기생

"차라리 여기서 죽을지언정 이대로 돌아갈 수가 없구나."

대중래

조선 세조 때에 김씨 성을 가진 선비가 있었다. 영남 지방에 경차관으로 내려가 전곡과 민정을 살피는 임무를 맡았다.

그가 경주에 갔을 때 마을 사람들이 기생 하나를 올려보내서 함께 불국사로 갔는데, 김 선비는 같이 합방하고자 했으나 기생이 너무 어려 아직 남녀 관계를 몰랐기에 계속 사양하다가 급기야는 신도 버려둔 채 달아나 버렸다.

그다음 임무처인 밀양에 도착해서 병마평사(병영의 사무, 군사 관리 담당)로 있던 김종직에게 하소연을 했다. 김종직은 사림의 거두로, 훗날 〈조의제문〉이라는 글로 세조의 쿠데타를 비난했다 하여 무오사화의 원인을 제공한 인물이다. 김종직이 웃으며 말했다.

"내 기생의 동생으로 미모가 뛰어나고 성품이 그윽하고 조용한 대중래(待重來)라는 아이가 있으니, 내가 그대를 위해 중매를 하겠소.”

김 선비의 가슴이 콩닥콩닥 뛰었는데, 문제는 김종직이 그리 말만 하고 대중래를 데려오지를 않는 데 있었다.

그러던 어느 날, 사또가 영남루에서 잔치를 열어 경차관인 김 선비도 참석했다. 기생들이 도열해 있는데, 그중에도 눈에 확 들어오는 예쁜 기생이 있었다. 이름을 물어보니 바로 대중래였다.

김 선비는 짐짓 모른 척하고 자리로 돌아와 앉았는데, 시치미를 떼고 있었으나 마음속은 온통 대중래 생각밖에 없어서 술도, 안주도 도무지 맛을 모를 판이었다. 김 선비가 사또에게 술잔을 올리려 하자 김종직이 대중래를 불러 잔을 전달하게 했다. 김 선비는 흐뭇하게 웃으며 대중래를 바라보았다. 결국 김종직의 주선으로 그날 밤 김 선비는 대중래와 운우지락을 누릴 수 있었다.

김 선비는 그날부터 방문을 걸어 잠그고, 창문은 휘장으로 가로막아 버린 채 이불 속에서 도통 나오지를 않았다. 집주인이 밥상을 들고 기척을 내도 소용없어 만나지를 못했다. 이러기를 며칠이나 되니 결국 김종직이 찾아왔다.

문짝은 단단히 잠겨 있어 창문을 열고 안으로 들어갔더니, 두 사람은 손발을 서로 얽어매 단단히 부둥켜안고 있었다. 김종직을 향해서는 빨리 나가라는 듯 “원망스럽소이다!”라는 말밖에 하지를 않았다. 온몸에 글자를 적어 놓았는데, 모두 사랑의 맹세였다.

김 선비는 나라의 명을 받은 몸이니 어쩔 수 없이 밀양을 떠나 다른 지방의 공무도 보아야 했다. 급히 일을 마치고 다시 밀양으로 돌아오면서 장승만 보면 남은 거리를 확인했다. 옛날 장승들은 거리를 적어 놓는 교통 표지판이었기 때문이다. 그러다 드디어 영남루가 나타나니 김 선비는 기뻐서 시를 지을 지경이었다.

이렇게 밀양에 도착해서는 또 수십 일을 대중래와 같이 지냈다. 결국 집주인이 영남루에서 거한 송별연을 열어 김 선비를 떠나보냈다. 김 선비는 교외까지 대중래를 데리고 가 두 손을 잡고 눈물을 흘리며 흐느껴 울었다. 하지만 안 갈 수 없는 몸이라 어쩔 수 없이 떠나서 한 역에 도착했다. 조선 시대의 역은 관리에게 말을 빌려주는 곳이었다.

김 선비는 밤새 잠을 못 자고 역관 뜰을 왔다 갔다 하다가 결국 역졸을 붙들고 하소연을 했다.

"내가 차라리 여기서 죽을지언정 이대로 서울로 돌아갈 수가 없구나. 네가 한 번만 더 나와 대중래가 만나게 도와주면 죽어도 한이 없을 것이다."

역졸이 김 선비를 불쌍히 여겼고, 그는 오던 길 수십 리를 다시 되돌아가게 되었다. 밤새 말을 달려 밀양에 당도했는데, 김 선비도 차마 관원의 복장으로는 들어갈 염치가 없었다. 변복을 하고 대중래의 집을 찾아갔다.

이른 아침이었지만 우물에서 물을 긷는 할머니가 있어서 대중래의 집을 물어보니, 다섯 번째 집이라고 대답을 해 주었다. 김 선비는 할머니에게 말했다.

"내가 누군지 알겠느냐?"

할머니가 김 선비를 유심히 들여다보더니 대답했다.

"지난가을에 서울에서 오셨던 나리 아니십니까?"

"그렇다. 내가 여기 왔노라고 대중래에게 말을 전하라."

할머니가 난처해하며 말했다.

"대중래는 본 남편하고 잠자리에 들었으니 들어갈 수가 없습니다."

김 선비는 한숨을 내쉬었다.

"내가 대중래를 만날 수 없다 해도 상관없다. 그저 내가 여기 왔다는 것만 알려다오. 내 후히 사례할 것이니."

할머니는 어쩔 수 없어서 대중래의 집에 가서 김 선비가 왔다는 것을 알렸다. 대중래로서도 예상치 못한 일이었다. 대중래는 머리를 긁으며 난처한 얼굴로 말했다.

"딱하기도 해라. 어찌 이렇게까지 하는 걸까."

그러자 남편 박생도 한숨을 쉬며 말했다.

"내가 그자에게 욕을 할 수도 있긴 한데, 선배 되는 사람에게 한낱 유생이 대드는 건 도리가 아니니 내 차라리 자리를 피하리다."

그러더니 박생이 나가 버렸다. 김 선비는 남편을 내쫓고는 그 자리를 차지해 이제 기생집에 머무르게 되어 버렸다.

기생이 기적(기생명부)에 올라 있으면 기생의 남편, 즉 '기부'는 관리가 와서 동침을 요구할 때 거절할 수가 없다. 보통은 노비가 기부로 있게 마련인데 대중래는 특이하게 유생이 기부로 있었던 모양이다.

서울에 보고를 하러 가야 할 경차관이 기생집에서 나오질 않으니 관에서는 먹을 것을 보내 줄 수밖에 없었다. 이러다 큰 사달이 날 것 같아 대중래의 부모가 쳐들어와 김 선비를 내쫓아 버렸다. 김 선비는 대중래와 함께 대밭으로 달아나 엉엉 울고 말았다. 이러다 큰일 날까 싶었던 이웃 주민들은 술상을 차려와 김 선비를 달랬다. 대중래를 데리고 가고 싶었으나 공무로 왔고 본처까지 있는 몸이 기생을 데리고 돌아갈 수는 없었다.

어쩔 수 없이 서울로 돌아온 김 선비. 집으로 돌아왔으나 여전히 대중래 생각밖에 없었다. 그런데 몇 달 후 아내가 죽었다. 이제 홀몸이 된 김 선비는 밀양으로 다시 달려갔다.

대중래는 기생의 몸이라 이때 감사 나리를 모시고 있었다. 감사는 김 선비가 왔다는 이야기를 듣고는 아무 말 없이 대중래를 보내 주었다. 김 선비는 대중래를 데리고 서울로 돌아갔다. 김 선비에게는 사랑하는 대중래였을 뿐, 다른 아무것도 중요하지 않았다.

대중래는 김 선비와의 사이에서 아들 둘을 낳았고 첩이 아니라 정실부인의 자리에 당당하게 올랐다. 지방의 기생은 데려올 수 없는 것이 국법이었으니 김 선비가 어떤 방법을 썼는지 궁금하지만 그에 대한 자세한 이야기는 전해지지 않는다. 다만 기적에서 기생을 빼려면 다른 여인을 기생으로 바쳐서 교환하는 방식인 대비정속(代婢定屬)이라는 방법이 있긴 했다. 기생을 기적에서 빼지 않고 데리고 살면 여전히 천민이기 때문에 딸을 낳으면 그 딸도 기생이 되어야 한다. 따라서 대중래는 정실부인이 되었으니 기적에서 이름을 지운 것이 분명하다.

김 선비는 대중래와 결혼한 이후, 충실하고 성실하게 근무하여 벼슬이 왕실 비서관인 승지까지 이르렀다.

대중래의 이야기는 성현이 쓴 〈용재총화〉에 전해진다. 성현 당대의 일임은 김종직이 나오는 데서 알 수가 있다. 성현은 정실부인이 된 기생 대중래의 과거를 적당히 묻어 두기 위해서 남편의 이름을 쓰지 않았던 것 같다. 대중래라는 이름은 당시 한양의 유명한 기생 이름이기도 했다. 〈용재총화〉에는 대중래의 이름이 '동비'였다고도 적혀 있다. 동비라는 이름도 이 시절에 흔한 여자 이름이니 사실은 대중래나 동비나 다 가명이었을지도 모를 일이다.

천릿길을 걸어 그에게로

"밤비에 새잎 나거든 나인가도 여기소서."

홍랑과 최경창

고등학교 다니던 때, 국어 교과서에 홍랑의 시조가 실려 있었다.

묏버들 가려 꺾어 보내노라, 님의손대
주무시는 창밖에 심어 두고 보소서
밤비에 새잎 나거든 나인가도 여기소서

시조에 나오는 '님의손대'는 늘 '님의 손대'로 읽혔고, 대체 '손대'
가 뭔가 싶었다. 그런데 '님의손대'는 '님에게'라는 말로, '의손대'는
'에게'의 옛날 말이었다.

이 애절한 이별의 시는 기생 홍랑이 선조 때 문관이었던 고죽 최
경창(1539~1583)에게 준 것이다. 홍랑의 이 시는 최경창이 한역한 것
도 전해진다.

115

최경창은 서른 살에 과거에 급제했다. 그러자마자 인재들만 들어가는 독서당에 선발되기도 했다. 사간원에서는 최경창이 독서당에 맞지 않는다고 연거푸 상소를 올리기도 했다. 그만큼 파격적인 선발이었다. 최경창은 영의정을 지낸 박순의 제자로 율곡 이이, 송익필, 이산해 등과 어깨를 나란히 하여 '팔문장'이라 불릴 만큼 탁월한 시인이었다.

최경창은 서른다섯에 병마절도사의 보좌관인 북도평사가 되어 함경도 경성에 부임했다. 여진족과 맞서는 최전방에는 가족을 데려가지 못하는 관리들을 위해서 기생을 배치했었다.

최경창은 술자리에서 홍랑을 처음 만났다고 전해진다. 이 자리에서 관원들과 기생들이 시를 읊으며 놀았는데, 홍랑이 하필 최경창의 시를 읊었다. 최경창이 놀라서 물었다.

"누구의 시를 좋아하느냐?"

"고죽 선생의 시를 좋아합니다."

고죽은 최경창의 호다. 최경창은 자기가 고죽이라는 것을 밝혔고, 곧 두 사람 사이에 사랑이 피어올랐다.

홍랑은 홍원 출신의 기생이다. 홍랑이라는 이름도 홍원 아가씨라는 뜻일 수도 있다. 그녀의 기명은 애절(愛節)이었으며 홍랑은 최경창이 부르는 애칭이었다. 홍원은 지금 함경남도 홍원군으로 함흥 북쪽 동해변에 있다.

최경창이 북도평사의 임무를 마치고 한양으로 돌아갈 때, 홍랑은 그를 따라가며 배웅했다. 하지만 관기 신분이기 때문에 관할지를 벗어날 수는 없었다.

홍원에서 함흥으로 갈라지는 곳에 함관령이라는 고개가 있다. 홍랑이 따라갈 수 있는 곳은 여기가 끝이었다. 어쩔 수 없이 헤어지는 날에는 쓸쓸히 비까지 내리고 있었다. 홍랑은 슬픈 심정을 억누르지 못하고 한 수의 시를 지어서 최경창에게 보냈다. 그것이 바로 처음 이야기했던 시조다.

홍랑과 헤어져 최경창이 한양으로 돌아온 2년 후.

그는 심하게 병을 앓았다. 봄에 시작된 병은 겨울까지 차도가 없어서 자리에서 일어날 수가 없었다. 홍랑은 그 소식에 최경창을 간병해야겠다는 일념으로 한양까지 천릿길을 걸어서 왔다. 꼬박 7일을, 쉬지도 않은 채.

이는 국법을 어기는 행위였다. 평안도와 함경도 사람은 도성으로 넘어올 수 없었다. 심지어 홍랑은 노비 신분인 기생이었다.

더구나 이 해 1월에 명종의 왕비였던 인순왕후가 승하하여 나라는 국상 기간이었다. 국상 기간은 엄숙히 보내는 것이 유교국인 조선의 모습이었던 만큼 기생이 사대부의 집에 찾아오는 것은 사람들 입방아에 오르고도 남을 일이었다.

게다가 서서히 당쟁이 격화되던 무렵이었다. 최경창은 당쟁의 주요 인물은 아니었지만 친한 사람들이 모두 서인으로 분류되었기에 동인 쪽의 맹렬한 공격을 받게 되었다.

최경창은 몸가짐을 바르게 하지 못하고 감히 국상 중에 기생을 데려와 첩을 삼았다는 이유로 다음 해 5월, 탄핵을 받았다.

선조는 최경창의 혐의를 인정하지 않았다. 하지만 3개월간 상소가 집요하게 올라온 끝에 결국 파직이 되고 말았다. 이때 탄핵에 앞장선 사간원 관리들은 좌천 명단에 오르기도 하여서 동인들도 불만을 가진 사안에 속할 정도로 소란스러운 일이었다.

이능화는 〈조선해어화사〉에서 홍랑이 한양에 머무는 허락을 받지 못해 다시 돌아갔다고 적었다. 되돌아간 그녀에게 최경창이 보낸 시가 전해 온다.

오래도록 바라보다 난초를 선사하니
이제 하늘끝으로 가버리면 언제 돌아오리오
함관령 옛노래는 부르지 마시오
지금도 구름과 비로 청산이 어두우니

시에 나오는 '함관령의 옛 곡조'란 홍랑의 시조를 가리키는 것이리라. 그 절절함을 최경창도 감당하기 어려웠던 것 같다.

최경창은 복직된 후에도 지방으로 관직을 전전하다가 한양으로 돌아오던 중에 마흔다섯의 젊은 나이에 객사했다. 그가 죽은 뒤 홍랑은 자신의 얼굴을 훼손하여 기생에서 물러났고, 최경창의 묘에서 3년간 시묘살이를 했다.

그로부터 6년 후 임진왜란이 일어났다. 계속 무덤가를 지키던 홍랑도 피난길에 올랐다. 이때 최경창의 시문을 모두 모아 홍원 땅으로 피신했다. 이 시들은 뒤에 〈고죽집〉에 실려서 지금까지 전해지게 되었다.

그런데 남구만의 아들 남학명의 문집인 〈회은집〉에는 최경창과 홍랑 사이에 1남이 있다는 기록이 있다. 홍랑이 그렇게 최경창을 은애한 것은 아들 때문일지도 모른다. 최씨 문중에서는 홍랑을 집 안사람으로 받아들여 최경창 부부의 묘 앞에 홍랑의 무덤도 만들 어 주었다.

관비 신분인 기생은 천역에서 벗어날 길이 막막한 가장 하층민 에 속하는 사람들이었다. 홍랑은 최경창의 사랑을 얻어 내서 그 신 분 지옥에서 탈출할 수 있었다.

미친 소년을 정승으로 기르다

"한 줄기 달빛은 만고에 푸르러라."

일타홍과 심희수

"저기 저 도령이 어느 댁 뉘신지요?"

기생 일타홍은 과거 급제자를 위한 잔치인 문희연에 와 있는 얼굴 하얀 미남 도령을 보고 옆자리의 기생 언니에게 물어보았다. 얼굴은 옥골선풍이었지만 입고 있는 옷은 다 낡았다. 만약 신선이 세상에 있다면 저런 모습일 것 같았다.

"응? 아, 심씨 댁 도령으로 이름은 희수라고 하는데, 아버지가 일찍 돌아가셔서 제대로 배우질 못해서 밤마다 청루에 들락거리고 연회란 연회는 다 찾아다닌다고 하니 세간에서는 미친 소년이라고 광동(狂童)이라 부르며 놀린다고 하더구나."

심희수는 세 살 때 아버지를 여의고 할아버지 심봉원 밑에서 자라났다. 할아버지는 아비 없는 손자가 불쌍해서 오냐오냐하면서 키웠고, 그런 결과 심희수는 노는 데만 도가 트고 말았다. 그렇게 일찌감치 기생 놀음에 눈이 떴던 심희수도 일타홍의 모습에 가슴이 뛰었다.

"저 기생의 이름은 뭔가요?"

심희수가 곁의 사람을 붙들고 물어보았다.

"금산에서 올라온 그 유명한 기생 일타홍이 바로 저 아이일세."

춤과 노래로 이미 장안에 유명한 기생이었다. 심희수는 기생들 틈에 턱 하니 자리를 잡고 앉았다. 지저분한 옷차림의 소년이 기생들 틈에 비집고 들어오니 난리가 났다. 기생들이 욕설을 하고 침을 뱉기까지 했지만 심희수는 전혀 개의치 않았다. 심희수는 기생들이 자리를 피하자 얼른 일타홍 옆에 가 앉았다.

일타홍은 다른 기생과 달리 자리를 피하지 않았다. 오히려 그윽한 눈길로 심희수를 바라보았다. 잠시 후 일타홍이 일어나며 은밀히 손짓을 했다. 눈치를 챈 심희수가 따라서 일어났다.

"이곳은 이야기를 나눌 만한 곳이 못 됩니다. 우리 이모 집을 알려 드릴 테니 그곳에 가 계시면 제가 곧 따르겠습니다."

심희수가 좋아하며 한달음에 일타홍의 이모 집으로 달려갔다. 한적한 동네에 위치한 곳이었다. 이모는 일타홍을 지극히 예뻐해서 친딸과 같이 여기고 있었다.

잔치가 파하고 일타홍이 이모 집으로 왔다. 두 사람은 그날로 합방하여 몇 날 며칠을 방문도 열지 않고 운우지정을 누렸다. 이때 심희수의 나이는 열다섯, 아직 장가가기 전이었고 일타홍은 열여섯(일설에는 열여덟)으로 아직 남자를 모르는 몸이었다.

심희수가 일타홍의 이모 집에 들어가는 걸 본 심씨네 여종이 보고 집에 기별을 했다. 부인은 크게 걱정이 되었다. 이 소식을 들은 일타홍은 직접 부인을 만나기로 했다.

일타홍은 마당의 섬돌 아래에서 부인에게 절을 올렸다.

"저는 금산에서 올라온 기생 일타홍입니다. 모 재상댁 잔치에서 귀댁 공자를 만났습니다. 사람들이 모두 '광동'이라 불렀으나 천첩의 어리석은 견해로는 크게 귀인이 될 상이었습니다. 하지만 그 기상이 '색을 밝히는 아귀'인지라 억제치 못하면 제대로 사람이 되지 못할 것입니다."

부인의 인상이 찌푸려졌다. 정말 대담한 발언이 아닐 수 없었다.

"첩이 오늘부터 공자로 하여금 춤추고 노래하는 화류계에는 일절 발길을 끊게 할 것입니다. 붓과 먹과 약간의 서적을 준비하여 성취의 길로 나아가게 하고자 하는데, 부인의 생각은 어떠하십니까?"

부인이 고개를 흔들었다.

"내 너를 어찌 믿을 수 있단 말이냐?"

"첩이 다른 욕심이 있는 것이라면 어찌 가난한 과부의 집 광동을 취하겠습니까?"

일타홍의 돌직구였다. 부인은 일타홍에게 큰 뜻이 있음은 알았지만 그래도 마음은 놓이지 않았다.

"우리 아이가 어려서 아버지를 여의고 학업을 돌보지 않고 방탕하기만 하니 늙은 몸이 어쩔 줄 몰라 마음만 괴로웠다. 지금 좋은 바람이 불어 너와 같은 가인이 우리 아이를 돌보겠다 하니 기쁘기 한량없구나. 하지만 우리 집은 조석으로 끼니를 잇기 어려운 형편이니, 너는 호사스러운 기녀로 우리 집에 와서 굶주림과 추위를 견딜 수 있을 것 같지 않구나."

일타홍이 살짝 웃으며 말했다.

"그런 것은 하나도 걱정하실 게 못 됩니다."

이리하여 일타홍이 들어와 심희수와 함께 살게 되었다.

일타홍은 매일매일 공부를 챙기며 조금이라도 게으름을 부리면 떠나겠다고 으름장을 놓았으니, 심희수는 사랑의 힘에 의지해 날로 실력이 늘어났다.

심희수의 나이가 차자 성례를 이루어야 했는데, 심희수는 일타홍 이외의 여자는 맞이하고 싶지 않았다. 하지만 일타홍은 자신이 천한 신분이라 결코 정부인이 될 수 없음을 알고 있었다. 오히려 강력하게 장가를 갈 것을 권하여 심희수는 영의정 노수신 집안의 여인과 혼례를 치렀다.

일타홍은 정부인 역시 극진히 모셨다. 하지만 심희수는 슬슬 꾀가 나서 공부를 게을리하기 시작했다.

"일타홍아, 너는 나한테 늘 부지런히 공부하라고 하지만 나는 하기가 싫다. 내가 하기 싫다는데 어쩔 테냐?"

일타홍은 이제 비상한 방법이 아니고서는 심희수를 돌려세우지 못하겠다 싶었다. 그날로 일타홍은 짐을 싸서 집을 나와 버렸다. 앞서 부인에게 인사를 올렸다.

"낭군이 책을 안 읽는 버릇이 점점 더 심해지니 천첩이 물러나야 할 것 같습니다."

부인이 깜짝 놀라 일타홍의 손을 잡고 울며 만류했다.

"희수가 책을 읽게 된 것이 모두 네 덕인데, 이렇게 가 버리면 어찌 되겠느냐?"

"첩이 목석이 아니니 어찌 이별의 아픔을 모르겠습니까? 이것은 낭군을 분발시킬 계책이니 등과하면 반드시 돌아올 것입니다. 그동안 저는 몸을 깨끗이 간직하고 기다릴 것입니다. 제 한 몸을 간수할 계책이 있으니 심려치 마십시오."

일타홍은 그렇게 심희수의 집을 나와 부인이 없는 노재상의 집을 찾아갔다.

"소녀의 집이 화를 입어 의탁할 곳이 없으니 비복으로 삼아 주시길 간청합니다. 정성을 다해 의복과 음식을 바치도록 하겠습니다."

노재상이 보니 총명하고 고운 모습이라 집안에 들어오는 것을 허락했다. 그날부터 일타홍이 정성을 다해 모시니 노재상도 일타홍을 귀여워했다.

"내 늘그막에 너를 만나 음식도 입에 맞고 의복도 몸에 맞으니 이런 복이 있을 줄 몰랐구나. 네가 정성을 다해 나를 봉양하니 이제부터 너를 딸로 대하겠다."

한편 집에 돌아온 심희수는 어머니로부터 일타홍이 집을 나갔다는 이야기를 듣고 기가 막혀서 도성을 이 잡듯이 뒤지며 일타홍을 찾았다. 하지만 하늘로 솟았는지, 땅으로 꺼졌는지 찾을 길이 없었다.

일타홍을 다시 만날 방법은 과거에 붙는 것뿐이 없었다. 심희수는 이를 악물고 공부에 매달렸다. 스물셋에 드디어 진사시에 합격하여 성균관에 입학했고 2년 후에 별시문과에서 병과로 합격을 했다.

과거 급제자는 '유가'라고 하여 도성을 돌며 퍼레이드를 하게 된다. 심희수도 그렇게 유가를 도는데, 마침 노재상 댁을 지나갈 때 그가 불러서 그 집에 들어갔다. 노재상은 원래 심희수 아버지와 친구 간이어서 안면이 있었다.

심희수 앞으로 상이 차려져 나와 음식을 한 점 집어 먹었는데, 그 맛이 바로 일타홍의 솜씨와 같았다. 심희수는 저도 모르게 눈물을 흘리고 말았다. 노재상이 놀라서 연유를 물었다.

"제가 등과한 것은 오로지 옛 정인을 만나기 위해서였습니다. 제게 공부를 가르치고 뒷바라지를 한 여인이 있었는데, 제가 게으름을 부리자 과거에 급제하기 전에는 얼굴을 보지 않겠다고 집을 나가 버렸습니다. 아직 돌아오지 않고 있는데, 오늘 재상 댁의 음식이 정인이 만들던 바로 그 맛인지라 제가 추태를 보였습니다."

노재상이 그 정인의 모습을 물어보았고 심희수는 소상히 답변했다. 노재상이 놀라며 말했다.

"내게 양녀가 하나 있는데, 어느 곳에서 온 건지를 모르고 있었네. 그런데 바로 자네의 정인이 아닌지 모르겠네."

그 말이 끝나기 무섭게 일타홍이 방으로 들어와 심희수를 붙들고 울음을 터뜨렸다. 심희수는 일타홍과 함께 집으로 돌아갔다. 심희수의 어머니는 기쁨에 중문 밖까지 나와 일타홍을 반겼다.

심희수는 사관으로 관직을 시작했다. 그런 심희수를 잘 내조하던 일타홍이 하루는 고향 부모의 안부를 모르니 금산 수령으로 내려갈 수 있으면 좋겠다는 이야기를 했다. 심희수는 금산 군수를 지원해서 그곳으로 내려갈 수 있었다.

일타홍은 고향에서 부모와 일가친척을 불러 사흘 동안 큰 잔치를 열었다. 그리고 부모에게 옷과 옷감을 선사한 뒤에 말했다.

"관가는 사가와는 다르고 관가의 식솔은 보통 사람들과 다른 것이니, 일가친척이 자주 왕래하면 관가에 누가 될 것입니다. 제가 자주 찾아뵙지 못할 것이니 이해해 주세요."

이후 한 번도 관청 밖으로 나오질 않았다.

그러던 중 하루는 여종을 시켜 심희수를 모셔 오게 했다. 심희수가 공무가 바쁘다고 거절했으나 또 여종이 와서 청을 올렸다. 한 번도 없었던 일인지라 심희수도 공무를 파하고 내실로 갔다. 일타홍은 새 옷을 입고 단정하게 단장을 하고 심희수를 기다리고 있었다.

"소첩이 오늘로 공과 이별하고 다른 세상으로 떠나게 되었습니다. 공은 몸을 보중하시고 오래도록 부귀를 누리소서. 소첩은 살아생전 공께 몸을 의탁하여 일평생 사랑을 받았으니 한스러울 것이 없습니다. 다만 소첩의 유해가 공의 선영에 묻혀 지하에서도 공을 모실 수 있게 되는 것이 소원입니다."

말을 마치고 갑자기 숨을 거두었다. 심희수는 슬픔을 가누지 못해 손수 염을 하고 감사에게 말미를 얻어 일타홍의 시신을 고양의 선산으로 운구하여 묻어 주었다.

금강 나루에 이르렀을 때, 그는 시를 한 수 지었다.

한 떨기 이름난 꽃이 운구에 실려
향기로운 혼은 가는 곳 더디기도 하여라
가을비는 금강에서 명정을 적시니
아마도 가인의 이별 눈물이겠지

'한 떨기 이름난 꽃'은 일타홍을 가리킨다. 일타홍은 죽은 뒤에도 가끔 심희수의 꿈에 나타나 길흉을 이야기해 주었다고 한다. 심희수는 그 후 임진왜란을 만나 선조를 호종하고 명나라에 원군을 요청하였으며, 능숙한 중국어로 어려운 외교 업무를 잘 처리했다. 좌의정의 지위까지 올랐다가 광해군의 폭정에 맞서 사직하여 절개를 지켰다. 청빈하게 살아서 청백리로 이름이 높았다.

그가 죽은 뒤 아내가 99세에 이르렀는데, 생활이 곤궁하여 나라에서 사은품을 내려 주면 좋겠다는 상소가 올라올 정도였다.

심희수가 죽기 전에도 일타홍이 꿈에 나타나 주변을 정리할 것을 이야기해서 심희수는 작별 인사를 미리 할 수 있었다.

고양시에 있는 심희수의 묘 옆에 일타홍의 묘는 사라지고 기단만 남아 있었다가 비석을 들어서 그녀를 기리고 있다. 비석의 뒷면에는 일타홍의 시 한 수가 전해진다.

맑고 맑은 초승달 또렷이 떠 있으니

한 줄기 달빛은 만고에 푸르러라

무한한 세상, 오늘 밤 바라보노니

인생의 즐거움과 슬픔을 느끼는 이 몇이리오

일타홍의 이야기는 〈천예록〉과 〈계서야담〉 등에 전해 오는데, 각기 이야기들이 다르다. 여기서는 양쪽 이야기를 절충하여 기술했다.

백주의 납치극 주인공

"춤과 노래로 일세를 풍미하다."

가희아

"이놈아, 거기 서라!"

대호군(종3품 무관) 황상(黃象)이 작대기를 휘두르며 말을 달려오는 중이었다. 그 앞을 갑사 양춘무가 막아섰다.

"나리, 돌아가시지요."

"어디 갑사 놈 따위가 내 앞을 막느냐!"

"김우 총제의 명이니 받잡는 바입니다."

"이놈이 위아래도 모르고!"

황상의 말 주변에는 이미 갑사들이 에워싸고 있었다. 분위기가 흉흉했다. 저 멀리서 김우가 황상을 비웃으며 말을 내뱉었다.

"지금이라도 돌아가는 게 몸에 좋을 거외다."

김우는 한 여인을 꼼짝 못 하게 붙들고 있었다. 황상의 눈에서 불똥이 튀었다.

"네 이놈! 거기 섰거라!"

김우가 피식 웃으며 말했다.

"얘들아, 살살 모셔라."

갑사들이 일제히 작대기로 황상을 겨누었다. 황상도 작대기를 휘둘러 내쫓고자 했으나 갑사들이 도리어 황상을 휘둘러 패기 시작했다. 양춘무가 내지른 작대기가 제대로 들어가 황상의 은제 허리띠를 두 동강 내고 그를 말에서 떨어뜨렸다.

"됐다. 돌아가자."

목적은 달성되었다. 황상은 조정대관의 품위도 못 지키고 길바닥에 나자빠져 있었다.

황상이 이렇게 달려온 이유는 그의 애첩인 가희아를 김우가 납치했기 때문이었다.

때는 태종 7년. 궁중 무희인 기녀 홍가희아는 황상의 첩이었다. 보천(충북 음성) 출신의 기생으로 춤을 잘 춰서 한양으로 뽑혀 온 기생이었다. 얼굴까지 예쁘니 달라붙는 나리들이 하나둘이 아니었다. 그중에 무관인 김우와 황상이 있었다.

김우는 왕자의 난 때 태종 이방원을 도와 공신이 된 인물로, 본래 평안도 희천의 토호 집안 아들이었다. 태종의 신임이 매우 두터워서 불법을 저질러도 태종은 공신이라 처벌할 수 없다며 눈감아주고 있었다. 심지어 명백히 김우가 잘못한 일도 그걸 말리지 않은 사람들의 잘못이라고, 직책이 낮아 어쩔 수 없이 김우의 불법에 휘둘린 이들에게 책임을 묻는 일마저 있었다.

이 정도로 태종의 총애가 두터운 김우가 눈독을 들인 가희아를 황상이 먼저 첩으로 삼아 버린 것이다. 김우는 참을 수가 없었다. 부하들 30여 명을 거느리고 황상의 집으로 쳐들어갔다. 집 앞뒤를 봉쇄한 뒤에 심복을 시켜 안채를 수색시키기까지 했다. 하지만 가희아는 찾지 못하고 옷들만 챙겨서 집을 나왔다.

하지만 다음 날 가희아가 눈에 띄었고, 김우는 즉각 부하들을 시켜 그녀를 납치했다. 유유히 집으로 돌아가던 중에 그 사실을 알고 노발대발한 황상이 따라붙었던 것이다.

황상은 개국공신의 아들로 역시 위세가 녹록치 않았으나 당금 주상이 총애하는 김우에게는 대적할 수가 없었다. 사헌부가 이 사실을 고해 황상과 김우에게 다 죄를 주기를 청했다. 태종은 이번에도 김우를 감쌌다.

황상은 파직이 되었고, 양춘무와 부하들은 수군으로 좌천되었다. 억울한 피해자인 가희아에게는 곤장 80대의 처벌이 내렸다. 그나마 단서 조건으로 돈으로 대신할 수 있게 해 주었다. 곤장 80대면 죽을 수도 있는 형벌이었다.

그런데 이 사달을 일으킨 김우는 어떤 처벌을 받았을까?

김우는 공신이므로 거론하지 말라 하였다. 사헌부가 굴하지 않고 처벌해야 한다고 상소를 또 올리자 결재하지 않아 버렸다.

가희아는 궁에서 따로 거문고와 춤, 노래를 배웠고 태종도 어여뻐 여겨 이 사건이 있은 지 7년 후에 혜선옹주로 봉했다(가이 옹주라고도 불렀다). 조선 시대의 옹주는 후궁의 딸에게 내려 주는 칭호지만 조선 초에는 고려 때처럼 후궁에게도 붙이곤 했다. 신하의 첩이었던 기생을 후궁으로 삼은 것이니 가희아가 재주가 뛰어났음을 쉽게 짐작할 수 있다.

황상의 후일담도 나름 재미있는 이야기라 소개한다.

황상은 늘그막에 월하봉이라는 기생을 첩으로 두었는데, 도총제 이순몽과 간통한 사건이 있었다. 이 사실을 안 황상은 김우에게 배운 것처럼 수하와 노비들을 끌고 이순몽의 집으로 쳐들어갔다. 첩만 데려오면 좋았을 텐데, 황상은 한술 더 뜨고 말았다. 이순몽과 월하봉을 붙잡은 뒤에 두 사람의 머리를 다 빡빡 밀어 버렸던 것이다.

양반의 머리를 밀었으니 문제가 안 될 수가 없었다. 이 사건이 알려지는 바람에 황상은 붙잡혀 와 조사를 받았다. 결국 그는 귀양을 가게 되는데, 머리를 밀었다는 이유 때문은 아니었다. 붙잡혀 와 20여 차례나 고문을 받은 끝에 모친상 중에 월하봉과 다섯 번 잠자리를 같이했다는 자백을 했던 것이다. 황상은 상 중에 감히 첩과 잠자리를 했다는 불효가 이유가 되어서 강원도 고성군으로 귀양을 갔다. 간통을 한 이순몽이나 월하봉보다 중한 처벌이었다. 요즘식으로 말하면 별건 수사에 걸린 셈이다.

이때 황상이 혜선옹주, 즉 가희아를 한때 첩으로 두었던 것이 그의 처벌을 요청하는 상소문에 나오는 바람에 작은 소란이 일었다. 아무 관련도 없는 이야기를 상소문에 적어서 그 내막이 조사되었고, 관련된 신하들이 모두 귀양 가는 사태가 벌어지기도 했었다.

춤과 노래로 일세를 풍미한 여인 가희아 때문에 일어난 뜻밖의 파
문이었다.

양녕대군을 속이다

"오늘 일은 귀신도 모를 것이니 아무 걱정할 것이 없다."

고정정과 양녕대군

양녕대군은 태종의 맏아들이었으나 왕위를 물려받지 못했다. 이런 경우 목숨을 부지하기가 참 어려운 일이었다. 만인지상의 자리인 군주보다 서열이 높은 형제라는 것은 항상 왕위에 위협이 될 수밖에 없는 존재인지라 어느 왕도 이런 부담스러운 사람을 살려두지 못하는 것이다.

그러나 양녕대군은 세종대왕의 끝없는 배려로 행복한 생활을 보낼 수 있었다. 세종과 그 아들 문종, 손자 단종보다도 오래 살았다.

그는 골치 아픈 나랏일은 신경 쓸 필요가 없었으니, 양녕의 하루하루는 풍류를 즐기는 것뿐이었다. 그렇게 해서 일으키는 문제도 사실 장난이 아니었다.

양녕이 하루는 세종을 찾아와 평안도에 놀러가고 싶다는 말을 꺼냈다. 세종이 웃으며 말했다.

"평안도의 경치를 보러 놀러가시는 건 괜찮습니다. 하지만 그곳에서 기생들과 술자리를 가지며 풍류를 즐기시는 건 곤란하겠습니다."

양녕이 펄쩍 뛰었다.

"그냥 순수하게 평안도 경치만 구경하고 돌아오겠습니다. 가는 길, 오는 길에도 아무 일을 일으키지 않을 것입니다."

"정말 약조를 지키실 수 있겠습니까?"

"그럼요."

이렇게 해서 양녕은 평안도 구경을 갈 수 있었다. 가는 동안 세종과의 약속을 잘 지켰다. 고을 수령들이 기생을 잠자리에 보내겠다는 것을 엄히 물리쳤던 것이다.

양녕이 정주에 도착해서 객사에 머무는데, 깊은 밤중 달빛 아래 어디선가 여인의 슬피 우는 소리가 들렸다.

"허, 이게 무슨 소리인고?"

양녕은 울음소리를 따라 후원으로 나왔다. 수풀이 우거진 곳에 호젓한 집이 하나 있는데 소복을 입은 여인이 곡을 하다가 그를 보고 몸을 돌려 사라져 버렸다. 양녕이 숱한 미인을 보아 왔지만 이렇게 아름다운 여인은 또 처음이어서 도무지 그 모습이 잊히지 않았다.

하루 종일 왔다 갔다 하다가 고민하던 양녕은 결국 한밤에 몰래 그 집으로 찾아가고 말았다.

"여인 혼자 있는 집에 어찌 외간 남자를 들이겠습니까?"

"나는 수상한 사람이 아니다. 이 나라의 대군 양녕이 이 몸이니 이상하게 여기지 말라."

"대군께서 어찌 이곳에 오신단 말입니까?"

"어제 울음소리가 들려 문득 그대의 모습을 보았는데 차마 잊을 수가 없어서 다시 찾아왔노라."

이런 수작 끝에 양녕이 여인의 집에 들어가게 되었다. 술상을 보아 주거니 받거니 하다가 결국 잠자리에 이르게 되었다.

"오늘 일은 귀신도 모를 것이니 아무 걱정할 것이 없다."

여인을 달래며 이렇게 이야기했으나 사실은 자기 자신에게 하는 말이나 다름없었다. 여색을 밝히는 일을 절대 하지 않겠다고 약조를 하고 온몸이 아니었던가.

"한번 떠나시면 다시 뵐 일이 없을 것이니 뭔가 징표를 남겨 주시면 바랄 것이 없겠나이다."

그 말에 천하 명필인 양녕이 가만있을 수가 없었다. 마침 종이가 없어서 그녀의 흰 치마에 시를 한 수 적었다.

한번 헤어지면 목소리와 얼굴 모두 볼 수 없으니
무산 어디에서 다시 만날 기약을 찾으리
작은 집에 곱게 단장한 미인 누가 보았는고
미간에 서린 근심은 거울만이 알리오

한밤의 달은 비단 잠자리를 엿보지 않건만
새벽바람은 어떤 일로 휘장을 들추는고
다행히 뜰 앞에 정향나무가 있으니
춘정을 풀어 가지를 꺾노라

양녕은 차마 아쉬움을 떨칠 수 없어서 시 한 수를 더 써 주었다. 이 시는 아홉 줄로 이루어지고 줄마다 어려울 난(難) 자를 썼다고 해서 구난시(九難詩)라고 불린다. 내용이 한 자씩 늘어나는 것도 인상적이다.

難 難

我難 爾難

我留難 爾送難

我南來難 爾北去難

空山夢深難 塞外書寄難

長相思一忘難 今相分再會難

明朝相別此夜難 一杯永訣此酒難

我能禁泣眼無淚難 爾能堪歌聲不咽難

誰云蜀道難於乘天難 不知今日一時難又難

어렵고 어렵구나
나도 어렵고, 너도 어렵다

나는 남기가 어렵고, 너는 보내기가 어렵다
나는 남으로 가기가 어렵고, 너는 북으로 가기가 어렵다
텅 빈 산 꿈이 깊어 어렵고, 변방에서는 글을 쓰기 어렵다
오래도록 생각하여 잊기가 어렵고, 이제 헤어지면 만나기가 어렵다
내일 아침이면 헤어지니 이 밤이 어렵고, 영영 이별의 술 한 잔이 어
렵다
내 울음을 그칠 수 없으니 눈에 눈물 없기가 어렵고, 네 노래는 목메
니 어렵다
누가 촉으로 가는 길이 하늘 오르기보다 어렵다 했나, 오늘의 어렵
고 어려움을 알지 못하였구나

양녕이 아쉬운 마음을 달래고 한양으로 돌아오자 세종이 놀러
다닌 이야기를 들려 달라며 궁으로 불러들였다. 양녕이 부리나케
궁으로 들어가자 세종이 웃으며 맞이했다.
"평안도 여행은 즐거우셨습니까?"
"성은을 입어 즐겁게 다녀왔습니다."
"금욕의 약조는 잘 지키셨겠지요?"
양녕이 시치미를 뚝 떼고 답했다.
"물론입니다. 감히 어찌 여자를 가까이할 수 있겠습니까?"
"하하, 그러셨나요? 형님께서 미인이 많은 평안도에서 몸을 깨
끗이 하고 돌아왔다니 참으로 기쁘기 그지없습니다. 그런데 한 아
름다운 여인이 형님을 기다리고 있다고 합니다."

"그, 그게 무슨 말씀입니까?"

양녕이 당황하자 세종이 잔치를 열라고 명했다. 한 여인이 들어와 절을 올리더니 노래를 부르기 시작했다. 그런데 이 노래는 바로 양녕이 정주에서 써 주었던 그 시였다.

"주상! 죽을죄를 지었습니다."

양녕이 사과를 하자 세종이 큰 소리로 웃으며 말했다.

"아닙니다. 이 모든 일은 여행길이 너무 적적할까 제가 평안도 관찰사에게 명해서 꾸민 일이었습니다."

양녕의 입이 딱 벌어졌다. 세종은 땅에 엎드린 양녕을 손수 일으켜 주고 정주에서 양녕을 속인 기생을 그의 첩으로 데려가게 했다.

얼마 안 가 이 여인이 아들을 낳았다. 아들을 낳았으니 모친의 이름을 적어야 하는데, 이름을 알지 못하여 고정정(考定正)이라 이름을 지어 주게 되었다. 고정정은 물고기를 거래하여 크게 재산을 모았는데, 좋지 않은 물고기면 이미 삶은 것이라고 해도 물러 달라고 억지를 부렸다. 이 때문에 세상에서 억지로 무르는 행위를 '고정정'이라 불렀다고 한다. 과연 천하의 풍류남 양녕을 속인 기생답다고 할 수도 있겠다.

이 기생의 이름을 싯구에 나오는 '정향'이라 전하는 글도 많은데, 이 일화를 전하는 〈청구야담〉이나 〈기문총화〉에는 그 이름이 전하지 않는다.

조선의 왕자들이 빠져든 무희

"기구한 운명의 끝에서
참된 사랑을 만들 수 있었을까?"

초요경

조선 초에 유명한 사대 기녀가 있었다. 옥부향, 자동선, 양대, 초요경이 그 넷으로 모두 가무에 능했다. 그중 초요경은 세종이 만든 궁중 무용을 홀로 익혀 당대 최고의 지위에 올랐다.

'초요'는 전국시대 초나라 왕이 가느다란 허리를 너무 좋아해서 조정에 굶어 죽는 사람이 있을 정도였다는 고사에서 온 말이다. 그 후 미인의 가느다란 허리를 가리키는 말로 사용하게 되었다. 초요경은 허리가 가늘고 춤을 잘 추어서 붙은 기명이다. 초요경의 '경(輕)'은 '갱'으로 읽을 수도 있어서 초요갱으로도 알려져 있다. 이 글자는 '가볍다'라는 뜻을 가지고 있어서 몸을 가볍게 놀린다는 뜻으로 붙은 이름이 아닌가 싶다. 〈용재총화〉에는 가벼울 경(輕)으로 이름이 표시되어 있다.

초요경은 원래 평범한 집에서 태어나 어느 양반댁의 첩으로 들어갔는데, 그 집안이 역모와 연관되면서 관기가 되고 말았다고 전한다. 특별한 재주가 없었다면 평범한 노비로 일생을 마쳤을 것이지만 그녀는 춤에 뛰어난 재주가 있어서 관기가 되었고, 궁궐에까지 나갈 수 있었다.

미모가 뛰어난 여인이 궁에서 멋진 춤을 추니 왕자들의 눈에 안들 리가 없었다. 그중 세종의 일곱 번째 아들인 평원대군이 초요경을 첩으로 데려가는 데 성공했다. 그런데 평원대군은 열여덟 살의 나이로 요절하고 말았다. 초요경은 졸지에 과부가 되었다.

초요경은 평원대군이 죽은 뒤 다시 기생이 되었다. 자못 콧대가 높아 성균관 유생들이 그녀를 한번 보고자 했지만 얼굴을 내비칠 때가 없었다. 이때 사마시(소과)에 합격한 최호라는 사람이 급제자가 하는 거리 행진(유가)을 하며 초요경의 집 앞에서 큰 소리로 "어허랑"을 외치게 했다. 초요경이 무슨 일인가 싶어 문간으로 얼굴을 내밀었다. 초록색 겹옷에 붉은 소매를 걷어올린 초요경을 본 최호가 의기양양해서 외쳤다.

"네가 항상 교만해서 내 말을 듣지 않더니 오늘은 어찌 나왔느냐? 내가 예조좌랑이 되면 회초리(楚)를 칠 것인데 감당할 수 있겠느냐?"

초요경이 코를 비죽거리며 휑하니 집 안으로 들어가며 한소리를 했다.

"겨우 이제야 볼기 위의 먼지를 털었구려."

그동안 엎드려 공부하느라 엉덩이에 먼지가 쌓였다고 비꼰 것이다.

그리고 몇 년 후.

세종 뒤를 이어 문종을 거쳐 단종이 왕위에 있을 때였다. 정승과 중신들이 모두 빈청에 몰려와 단종에게 민망한 일을 아뢰기 시작했다.

"화의군 이영이 평원대군의 첩 초요경과 간통하였습니다. 처벌하여 주시옵소서!"

화의군은 세종과 영빈 강씨 사이의 아들로 이때 서른한 살이었다. 평원대군은 화의군보다 두 살 어렸으므로 화의군은 제수씨와 간통을 한 셈이기도 하고, 대군의 첩이라는 점에서 보면 윗사람의 첩과 잔 것이기도 했다.

단종은 화의군을 지방으로 부처(귀양의 일종)하고, 초요경에게는 곤장 80대를 때리게 했다. 하지만 그 이유를 밝히는 교지를 내리지 않으니 신하들이 계속 죄목을 따지라고 상소를 올리게 되었다. 하지만 왕실의 수치를 알리고 싶지 않았던 단종은 묵묵부답으로 응대하지 않았다.

초요경은 곤장 80대를 맞아야 했지만 대속을 해서 매도 맞지 않고 서울에 계속 머물러 있었다. 신하들이 계속 벌이 가볍다고 상소를 올려 최소한 초요경을 원래 고향으로 보내 관기로 삼아야 한다고 했지만 단종은 그것도 무시해 버렸다. 그러자 단종의 뜻을 읽은 신하가 있었다. 그는 세종이 전수한 춤을 오직 초요경만이 알고 있으니 고향으로 보낼 수 없다고 상소를 올렸고, 단종은 얼른 그 상소를 받아들였다.

초요경의 일은 그렇게 끝나는 듯싶었는데 3년 후인 세조 때에 또 그녀로 인한 사고가 일어났다.

그때 초요경은 예장도감판관 신자형의 첩으로 있었다. 신자형은 초요경을 지극히 사랑해서 그녀의 말이라면 뭐든지 따랐다. 초요경의 눈밖에 난 여종 둘을 신자형이 때려죽이는 일이 생겨서 사헌부가 상소를 올리는 일이 벌어졌다. 초요경 때문에 정처를 소박했다는 혐의까지 붙어서 신자형은 체포되어 사헌부에 끌려가기까지 했다.

다행히 무사히 풀려났으나 초요경은 멀리 외방으로 유배하라는 명을 받았다. 그러나 이번에도 초요경의 재주 덕분에 유배는 일어나지 않았다. 세조가 그녀의 재주를 사랑했기 때문이었다. 세조가 '사대 기녀'라고 부르는 가무에 능한 기녀들이 있었는데 초요경이 바로 그중 하나였던 것이다.

이번 일은 그렇게 넘어갔는데 또다시 일이 벌어졌다. 신자형의 칠촌 아재비 되는 안계담이 초요경을 덮치려고 밤에 몰래 신자형의 집에 들어왔다가 그만 신자형 아내 방을 벌컥 열어 버리는 일이 벌어졌다. 그 아내는 놀라서 달아나다가 땅바닥에 엎어지고, 안계담은 안계담대로 흥분해서 초요경을 내놓으라고 그 집 하인을 두들겨 패기까지 했다.

그로부터 또 6년 후, 이제 초요경도 30대 후반쯤 되었을 터. 세조가 계양군을 불러 초요경과의 관계를 묻는 일이 생겼다. 계양군은 세종과 신빈 사이의 둘째 서자로 용모가 아름답기로 말도 청산유

143

수로 잘했다. 겸손하고 잘난 척하는 법이 없어서 세종도 끔찍하게 사랑했고 세조 역시 좋아했다.

"소문에 듣기로 네가 초요경과 사통한다고 하는데, 사실이냐? 어디 기생이 없어서 하필 초요경이냐?"

계양군은 펄쩍 뛰었다.

"절대 아닙니다! 하늘을 두고 맹세할 수 있습니다! 억울하옵니다!"

"음, 그러냐? 기생이란 원래 사람 부류가 아니다. 가까이하지 마라."

"명심하겠사옵니다!"

계양군은 그렇게 대답하고는 퇴궐하자마자 초요경의 집으로 달려갔다. 세조의 질책을 받으니 초요경의 모습이 떠올라 더 참을 수 없었던 것이다.

초요경의 미모를 탐하는 사람들은 끝이 없었다. 건축 토목을 담당하는 선공판사 변대해가 어느 날 몰래 초요경의 집에 숨어들었다가 계양군이 세워 둔 파수꾼에게 맞아 죽는 사고가 벌어지기도 했다.

세조는 몇 년 후에 사대 기녀를 모두 기적에서 풀어 주어 양민이 되게 해 주었다. 이때 초요경은 어느 양반댁 첩으로 들어간 것 같은데, 불과 2년 후인 예종 때에 대규모 옥사가 벌어지면서 초요경의 운명도 크게 바뀌고 만다.

예종은 즉위하자마자 남이를 반역죄로 잡아넣었는데 이때 여러 사람이 연루되어 죽임을 당했다. 초요경이 누구 집의 첩이었는지는 분명하지 않지만 이때 역도의 첩이라 하여 다시 기적에 오르게 되었다. 그녀는 본래 역도의 첩이라고 해서 기녀가 되었는데 나이 들어서 또 역도의 첩이라 하여 기녀가 되는 기구한 운명을 맞이한 것이다.

이제는 춤의 대가로 궁궐에서 필요한 것도 아니었기에 어린 시절 떠나온 고향인 평양으로 되돌아가야만 했다.

그녀를 사랑했던 화의군은 단종 복위에 가담했다가 멀리 유배되어 있었고, 계양군은 벌써 오래전에 주색을 탐닉하다가 일찍 죽고 말았다. 그녀를 위해 힘써 줄 사람이 없었다.

평양에서 도사(관찰사 수행 사무직) 벼슬을 하는 임맹지라는 인물이 있었는데, 관찰사가 다른 기생과 잘 때 그는 초요경과 잠을 잤다. 임맹지는 세조 때 급제했던 인물로 초요경과 비슷한 나이였을 것이다. 한양에 있을 때 초요경을 본 적이 있지 않았을까? 관리가 관기와 자는 것은 흔히 있는 일이었지만 원칙적으로는 불법이었기에 고발할 수 있는 일이기도 했다. 임맹지가 초요경과 잔 일도 이렇게 고발이 되는 바람에 기록에 남게 되었다.

특히 이때는 세조의 국상 때였기 때문에 훨씬 큰 범죄가 되는 셈이었으나 예종은 초요경이 임맹지의 방에 들어갔다고 해서 잠을 잤다고 볼 수는 없다고 해서 처벌을 내리지 않았다. 초요경의 기록은 이 일이 마지막이다.

조선의 왕자들을 빠져들게 했던 미모의 춤꾼 초요경이 기구한 운명의 끝에서 참된 사랑을 만날 수 있었을까?

문인들의 사랑을 받았지만

"맑은 눈 하얀 이에 푸른 눈썹 아가씨야."

매창

매창은 부안의 기생이었다. 흔히 황진이와 비교되는 인물이다. 시를 잘 짓고 거문고를 잘 타 유명했다. 500여 수의 시를 지은 것으로 알려지지만 오늘날 남아 있는 것은 58수뿐이다.

계유년(1573년)에 고을 아전 이탕종의 서녀로 태어났다. 계유년에 태어났다고 해서 계생이라고 했다. 매창의 묘비에는 본명이 '향금(香今)'이라고 전한다. 매창의 자가 천향(天香)이었으니 본명에서 유래한 것일 수도 있을 것이다. 〈매창집〉에서는 그녀가 38살, 1610년에 죽었다고 적혀 있다. 자세하진 않지만 부안의 사또로 있던 서우관이 그녀를 첩으로 들여 한양까지 데려갔다가 내쳐진 모양으로, 돌아와서 기생이 된 것 같다.

황진이가 송도삼절의 하나인 것처럼, 매창도 부안삼절로 일컬어졌다. 이때 매창과 같이 삼절로 여겨진 이는 촌은 유희경이었다.

유희경은 양반 가문의 사람이 아니었으나 시문으로 이름이 높았다. 아버지가 13세 때 돌아가시자 유희경은 삼년상을 치렀다. 양반 가문에서도 쉽지 않은 일인지라 이 이야기를 들은 남언경이 그를 제자로 받아들였다. 이렇게 양반들과 만나게 된 유희경은 시를 잘 지어 바로 화제가 되었다. 영의정을 지낸 박순은 그에게 시를 가르쳤다. 유희경이 남도 유람을 떠났다가 부안에 들렀을 때, 매창을 만나게 되었다.

이때 매창은 이미 시로 명성을 떨치고 있었다. 유희경은 1545년 생이었으니 두 사람은 28살의 나이 차이가 있었다. 두 사람이 언제 만났는지는 잘 알 수가 없다. 다만 임진왜란 전이었던 것만은 분명하다.

유희경이 매창을 보러 왔을 때 매창이 그의 행색을 보고 "유, 백 중 누구십니까?"라고 물었다. 유는 유희경, 백은 백대붕을 가리키는 것으로 둘 다 천민 출신의 시인으로 이름이 높았다. 매창이 차림새를 보고 짐작을 했던 것이다.

유희경은 매창의 재주와 미모에 푹 빠지고 말았다. 이때까지 여색을 즐기지 않았던 유희경은 드디어 파계를 하고 말았다. 그는 매창을 '계랑'이라 불렀다. 매창을 만난 심정을 노래한 시가 남아 있다.

일찍이 남국에 계랑 이름 소문이 나
글솜씨 노래 재주 서울까지 울리더니

오늘에야 그 모습 대하고 보니
선녀가 떨쳐입고 내려온 듯하여라

유희경은 매창을 늘 선녀에게 비유했다. 한번 파계를 하고 나니
그 뒤는 일사천리였다.

버들꽃 붉은 자태 잠깐 동안 봄이려니
마른 몸에 주름 얼굴 다시 못 고쳐
선녀인들 독수공방 어이 참으리
무산의 구름과 비 자주 내리는구나

무산의 구름과 비는 운우지정을 말하는 것이니 이 두 사람의 깨
가 얼마나 쏟아졌는지 충분히 짐작할 수 있다. 이들을 갈라놓은 결
정적 계기는 임진왜란이었다.

임진왜란이 일어나자 유희경은 의병을 일으켜 침략군과 싸웠
다. 이 공을 인정받아 그는 신분의 한계를 벗어날 수 있었다. 그러
나 유희경이 동분서주하는 동안에 매창은 힘겨운 시간을 보내야
했다. 유희경의 안부를 알 수 없는 것도, 김제 군수로 온 이귀를 상
대하는 것도 버거웠으리라 짐작할 수 있다.

이귀는 1594년에 김제 군수로 와서 매창을 가까이했다. 율곡 이
이의 제자로, 후일 인조반정의 주역이 되는 이귀는 5년가량을 김제
를 오가는 생활을 했다.

역시 매창을 사랑했던 허균은 1601년 7월에 부안에서 매창을 처음 만났는데 이때 그녀를 '이귀의 정인'이라고 말하고 있다.

전해지는 매창의 기록에는 그녀가 색을 밝히는 성격이 아니었으며 수절을 했다고도 한다. 유희경을 그리며 그를 다시 만날 날을 기다렸던 것이다.

그렇게 오매불망하던 두 사람이 다시 만난 것은 1607년이었다. 이때 유희경의 시가 남아 있다.

맑은 눈 하얀 이에 푸른 눈썹 아가씨야
홀연히 구름타고 간 곳이 아득하구나
꽃다운 넋 떨어져 저승으로 가버리고
그 누가 너의 옥골 고향 땅에 묻어주리
객지의 초상이라 문상객이 다시 없고
오로지 경대만 남아 옛 향기 그윽하다
정미년에 다행히도 다시 만나 즐겼는데
이제는 슬픈 눈물 옷을 함빡 적시누나

매창이 죽은 뒤에 그녀를 그리며 쓴 시다. 여기에 나오는 정미년이 1607년이다.

이 시에서 매창이 객지에서 죽었다는 것을 알리고 있다. 부안 출신의 매창이 고향에서 죽었다면 객지에서 죽었다고 하지는 않았을 것이다.

그런데 유희경이 매창을 다시 만난 곳이 부안이 아닐 수도 있다. 무슨 이유인지 두 사람은 전주에서 만났다. 매창은 시를 지어 유희경에게 주며 열흘만 머물러 달라고 애원했다.

이로부터 3년 후에 매창은 세상을 떠났으니, 그녀가 전주에서 인생을 마쳤을지도 모른다. 두 사람은 봄날 헤어졌다. 매창의 유명한 시조가 그 사실을 전한다.

이화우 흩날릴제 울며 잡고 이별한 님
추풍낙엽에 저도 날 생각는가
천리에 외로운 꿈만 오락가락하노라

'이화우'는 배꽃이 떨어지는 것을 가리키니 이들의 이별은 4월이었음을 알 수 있다. 임진왜란이 일어난 날이 1592년 4월 13일이니, 혹시 이 무렵을 가리키는 것일 수도 있다. 묘하게 시기가 일치한다.

한편, 허균은 그녀를 가리켜 '그 인물은 비록 뛰어나지 않으나 재주가 있고 정이 많은 여자'라고 말하고 있다. 그런데 허균이 매창을 만났던 때는 1601년으로, 매창이 29세였다는 점을 감안할 필요가 있겠다. 이때 허균은 32세였다.

허균은 매창을 이귀의 정인이라 알고 있었으므로 그 때문에 동침을 요구하지 못했을지도 모른다. 이후 10년을 두 사람은 친구로 지냈다. 허균이 그날 자기가 딴마음을 먹었다면 두 사람의 친구 관계는 이어지지 못했을 것이라는 점을 훗날 편지로 남기기도 했다. 허균이 강제로라도 동침을 요구했으면 매창은 거부하기가 힘들었을 것이 분명하다. 매창이 기생 신분이니 그녀와 함께하려는 남자들이 왜 없었겠는가. 관가를 지나가는 양반이면 기생 수청을 받는 것이 당연한 시절이었다.

매창에게 덤벼든 한 길손이 있었다. 그녀는 시로 응대했다.

평생에 관가 밥 먹기란 모르고 사노니
오로지 매화 창틀에 비쳐드는 달빛만 사랑하네
세상 사람들이 아직도 이 깊은 뜻을 모르니
오락가락 흰 구름만 손짓할 따름일세

길손이 시를 좀 아는 인물이었는지 머쓱해서 물러났다고 한다. 하지만 이런 경우만 있었겠는가. 한번은, 달려들어 저고리를 찢는 일도 있었다. 매창은 그 일을 이렇게 노래한다.

취한 손님이 적삼을 잡으니
그 손길에 적삼이 찢어지는 소리를 내네
적삼 하나가 아까울 건 없지만
임이 주신 온정까지 찢어졌을까 두려워라

매창은 많은 문인과 시를 주고받았고, 시만 읽으면 그게 누가 쓴 것인지 알아맞힐 수 있었다. 그만큼 뛰어난 문재를 지니고 있었던 것이다.

허균도 그녀가 죽었다는 소식을 듣고 그녀를 위한 시를 남겼다.

아름다운 시는 비단을 펼친 듯하고
맑은 노래는 구름도 멈추게 했네
선계의 복숭아를 훔친 죄로 인간 세상으로 와
불사약을 훔쳐서 떠나가버렸구나
부용꽃 수놓은 장막에 등불은 어두워도
비취색 치마에는 향기가 남았구나
내년에 복사꽃이 필 때면
설도의 무덤을 누가 찾아주리오

'설도'는 백낙천 등의 시인과 어울린 시와 가무에 능한 당나라 때 기생으로 여기서는 매창을 가리키는 것이다.

매창이 남긴 시에는 이별한 님을 그리는 슬픔의 시가 많다. 사람마다 느끼는 것이 다를 것이지만 그중 하나 '거문고를 타며'를 소개한다.

거문고로 속마음을 털어 놓은들 누가 가엾다 하랴
만가지 한, 천가지 시름이 한곡에 담았네

남강의 노래 다시 연주하니 봄날이 저무는데
봄바람에 울며 고개 돌리는 짓 차마 못 하겠네

너무나 거문고를 사랑했던 매창은 곡을 타며 자신의 심중을 풀어놓았다. 그러다 보면 저절로 흐르는 눈물을 감출 수 없어서 고개를 돌리는 순간, 불어오는 봄바람. 이처럼 슬픔이 선명하게 드러나기도 어려울 것이다.

매창은 그토록 사랑하던 거문고와 함께 묻혔다고 한다.

세상만사가 다 한바탕 꿈

"제가 남을 버리지,
남이 저를 버리게 되기를 원하지 않습니다."

계섬

영·정조 시절에 서울에 이름난 기생이 하나 있었다. 노래를 잘 불러 잔치 마당에 빠지면 부끄러울 지경이었다는 이 기생의 이름은 계섬이었다. 본래 황해도 송화현의 아전 집안의 딸이었는데, 부모가 어려서 모두 죽어 열여섯 나이에 종이 되었다.

당대의 명문가 원의손이 계섬의 명성을 듣고 자기 집에 두었다. 계섬은 10년을 원의손과 함께 지냈으나 그의 말 한마디에 의가 상했고, 그 길로 바로 인사를 하고 집을 나와 버렸다. 이는 계섬의 당찬 성격을 보여 준다. 훗날 원의손은 지방 수령으로 있으면서 탐관오리가 되었고, 사형당할 뻔한 것을 정조가 감형하여 유배를 떠나게 된다.

계섬은 대제학 이정보의 문하에 들어갔다. 이정보는 그 말 많은 과거 시험 감독 때에도 공정하다 소문이 난 인물이었다. 이미 나이가 많아서 계섬의 노래를 사랑했을 뿐이었다. 본래 노래를 좋아해서 남녀를 가리지 않고 명창을 길러냈다. 계섬도 이정보 문하에서 체계적으로 악보를 보며 노래를 배워 한층 더 실력이 좋아졌다. 계섬의 이름이 전국에 널리 퍼져서 지방의 기생들이 노래를 배우고자 찾아올 정도였다.

원의손은 이정보를 볼 때마다 계섬을 돌아오게 해 달라고 졸랐는데, 계섬은 원의손에게 돌아갈 생각이 전혀 없다고 딱 잘라 말했다. 이정보는 그런 계섬을 측은하게 보며 말했다.

"지금 세상에는 너만 한 남자가 없으니, 너는 참다운 만남을 가지지 못한 채 죽겠구나."

하지만 계섬은 아직 20대였기에 꼭 그리되지는 않을 것이라 생각했다.

이정보와의 만남은 오래지 않았을 것이다. 이정보가 죽었을 때 계섬의 나이는 서른하나였다. 하필 이때 나라에 큰 잔치가 있어서 기생들을 모두 불러 모아 노래와 춤을 연습시켰다. 계섬도 기적에 있는 몸이므로 불려 가야 했다. 연습을 마치면 이정보의 집으로 달려갔다. 집이 연습 장소에서 멀었기 때문에 관원들은 계섬이 몸을 상할까 염려해서 말을 빌려주었다. 관원들이 이렇게 배려하니 계섬도 함부로 곡을 할 수가 없었다.

예전의 장례식장에서는 여자들이 "아이고, 아이고…" 하면서 울었는데 이것을 곡이라고 부른다. 이렇게 울다 보면 목이 쉬는 건 당연한 일이어서 계섬은 차마 곡을 하지 못하고 훌쩍훌쩍 울 수밖에 없었다.

이정보의 봉분이 만들어진 뒤에는 음식을 장만해 성묘를 다녔다. 잔치가 끝난 뒤라 이제야 마음껏 통곡을 하고 때로는 듣고 싶어 했을 노래를 목청껏 부르기도 했다. 이정보의 아들들은 감히 기생이 와서 울고 노래하게 했다고 묘지기를 혼냈다. 그 이야기를 들은 계섬은 그 후 무덤에 가지 않았다. 다만 술이 취하여 노래를 부른 뒤에는 한바탕 눈물을 쏟아 낼 뿐이었다.

계섬은 서울의 이름난 부자 한상찬과 같이 살았다. 한상찬은 계섬에게 재물을 아끼지 않았지만 계섬이 바라는 것은 부귀가 아니었다. 자신을 자신 그대로 사랑해 줄 사람이 필요했다. 하지만 한상찬은 그런 사람이 아니었다.

계섬은 경치 아름다운 관동에 가서 살고자 했다. 그녀가 서울을 떠난다는 소문이 일자 계섬을 아끼는 양반들이 몰려와 만류하고자 했다. 계섬은 쓸쓸한 어조로 말했다.

"공들이 지금 저를 말리는 것은 제가 아직 젊어 어여삐 여기시기 때문입니다. 하지만 저는 이제 곧 늙을 것이고, 그리되면 공들께서는 저를 본체만체하시겠죠. 그때는 후회해도 늦습니다. 그러니 지금 제가 공들을 버려, 공들이 저를 버리지 못하게 할 뿐입니다. 제가 남을 버리지, 남이 저를 버리게 되기를 원하지 않습니다."

계섬은 말 한 마리에 올라 정선군으로 가서 살았다. 화려한 비단치마도 버리고 삼베옷에 짚신을 신고 나물과 버섯을 캐서 먹으며 불경을 외우는 조용한 생활을 즐겼다.

하지만 세상이 계섬을 가만 내버려 두지 않았다. 정조가 즉위하면서 권력을 잡은 홍국영에게 그녀가 하사되었다. 계섬은 기생이었으므로 주인이 부르면 응당 가야만 했다.

홍국영의 권세는 하늘을 울리는 것이었기 때문에 계섬이 노래하나를 부르면 비단과 돈이 쏟아져 내렸다. 계섬은 기가 막혔다. 그들은 소리를 들을 줄 아는 사람이 아니었다. 그저 홍국영에게 잘 보이고 싶어서 계섬에게 선물을 주는 것뿐이었다. 훗날 계섬은 그 시절을 이렇게 회상했다.

"세상만사가 다 한바탕 꿈이었죠. 홍국영의 일은 참으로 가소로워서 지금도 꿈속에서 손뼉을 치며 웃게 된답니다."

홍국영의 권세는 오래 가지 않았다. 홍국영이 몰락한 후에 계섬은 풍류객으로 이름난 심용을 따라 파주 시곡촌에서 지냈다. 심용은 당대의 풍류객으로 수많은 명창이 그 밑에 있었다. 심용이 계섬 등을 거느리고 평양감사를 보러 간 이야기는 〈청구야담〉에 전한다.

"평양은 그림 같은 강산과 거울같이 맑은 물이 있는 성으로 우리나라 제일이라고 하는데, 나는 아직 본 적이 없다. 마침 평양감사가 내 지인이니 우리 모두 평양 구경을 가 보자."

이렇게 평양으로 달려간 일행은 평양감사가 대동강에서 벌인 잔치에 맞춰 배를 띄웠다. 평양감사의 배에서 춤을 추면 이쪽 배에서도 같이 추고, 노래를 하면 이쪽 배에서도 같이 노래를 하니, 평양감사가 이상하다 생각하고 그 배를 잡아 오게 했다.

하지만 배가 얼마나 날랜지 잡을 수가 없었다. 더욱 수상하게 여긴 평양감사가 10여 척을 보내 포위해서 잡아 오게 했더니, 그 배에서 심용과 예인들이 나오는 것이 아니겠는가. 이때 같이 간 노래꾼 이세춘의 노래는 평양 사람들에게 새로운 예술 세계를 보여 주었다고 전한다. 여기에 서울 기생들이 온갖 재주를 다해 잔치를 벌이니, 평양 기생들은 낯빛이 어두워지고 말 지경이었다. 이렇게 놀고 일행은 만금을 벌어서 돌아왔다.

심용이 죽은 뒤에 기생들은 모두 흩어지고 말았는데 계섬은 시곡촌에 남아 무덤을 지켰다. 이후에도 그녀의 명성은 시들지 않아서 정조의 어머니인 혜경궁 홍씨의 회갑연에 초청되어 노래를 부르기도 했다.

계섬은 예순두 살이 되었을 때 참봉 심노숭을 만나 자신의 일생 이야기를 들려주었다. 심노숭이 이제는 백발이 된 그녀의 이야기를 〈계섬전〉이라 하여 적어 놓았다.

계섬은 심노숭에게 평생 자신이 참다운 만남을 가지지 못한 것을 한탄하며 마랬다.

"인간 세상에 즐거움이 하나둘이 아니지만 부귀는 즐거움에 들지 않습니다. 제일 얻을 수 없었던 것이 즐거운 만남이었습니다. 이제 불교에 귀의했으니 다음 생에라도 만날 수 있기만을 바랄 뿐입니다."

조선의 명가수였던 계섬이 지은 시조 한 수가 오늘날까지 전해 온다.

청춘은 언제 갔고 백발은 언제 왔나
오고 가는 길을 알았다면 막았을 것을
알고도 못 막는 길이니 그를 슬퍼하노라

4
가장 고귀하지만 행복과는 거리가 먼

여왕과 숙부의 혼인

"한결같은 사랑을 했더라면
신라의 운명은 더 연장되었을까?"

진성여왕

신라 제51대 국왕에 진성여왕(재위: 887~897)이 즉위했다. 진성여왕은 여자가 왕이 된 흔치 않은 경우에 속한다. 여자가 왕위에 오른 때는 신라밖에 없으며 진성여왕보다 앞선 선덕여왕과 진덕여왕의 예가 있을 뿐이다.

그런데 이렇게 신라에서 여왕이 즉위한 선례가 있었기 때문에 진성여왕의 즉위도 문제가 될 것은 아니었다. 진성여왕의 오빠인 정강왕은 병든 뒤에 후계로 여동생 만(진성여왕의 이름. 만헌, 단 등의 이름도 전한다)으로 지명했다.

"누이 만은 천성이 총명하고 민첩하여 뼈대는 남자와 비슷하니 경들은 마땅히 선덕과 진덕의 옛일을 본받아 그를 왕위에 세우는 것이 좋겠다."

이것이 정강왕의 유언이었다.

163

정강왕은 헌강왕이 죽은 후 그의 아들 요가 너무 어려서 대신 왕위에 올랐다. 진성여왕이 즉위했을 때 요는 다섯 살이었다. 아버지 경문왕부터 다들 젊은 나이에 죽는 것이 큰 문제였다. 경문왕은 서른에, 장남 헌강왕, 정강왕 모두 20대 중반에 죽었다. 진성여왕도 20대 초반의 나이에 왕위에 올라 30대 중반에 사망했다.

진성여왕이 즉위하기 전부터 신라는 망해 가고 있었다. 헌강-정강-진성여왕의 아버지인 경문왕은 전왕인 헌안왕의 사위로 왕위를 이었다. 이미 이때 신라는 각지의 반란으로 정상이 아니었고, 왕은 서라벌 일대를 다스리는 상징적 존재로 변하고 있었다. 경문왕 때도 기록상으로만 세 번의 반역이 있었으며, 헌강왕 때도 반역자가 참수형을 당하는 일이 있었다(경문왕은 '임금님 귀는 당나귀 귀' 설화의 주인공이기도 하다).

진성여왕은 왕위에 올라 조세 감면과 대사면을 시행하여 민심을 잡고자 하고, 왕실 사찰인 황룡사에서 백고좌회를 열어 귀족들의 마음도 잡으려 했다. 그리고 〈삼대목(三代目)〉이라는 향가집을 만들게 했다.

이 작업은 각간 위홍과 향가의 달인인 대구화상이라는 승려와 함께하게 했는데, 위홍이라는 사람은 진성여왕의 숙부(경문왕의 친동생)로 둘은 서로 사랑하는 사이였다. 그러니까 위홍이라 널리 알려져 있지만 정확히는 김위홍이 이름이 된다.

삼촌과 조카라는 것은 신라 시대에는 큰 문제는 아니었다. 〈삼국유사〉에 있는 역대 왕에 대한 간략한 연표인 '왕력'에서는 위홍이 진성여왕의 남편이라고 나온다. 위홍은 경문왕 때 황룡사 9층 탑 수리 책임자로 처음 기록에 등장한다. 4년 후 헌강왕이 즉위하자 상대등에 임명되어 국정 최고 책임자가 되었다.

위홍은 경문왕이 죽었을 때 왕위를 노릴 수도 있었을 것이다. 삼촌이 조카를 제치고 왕이 되는 일은 너무나 흔한 일이고, 이때 위홍은 20대 후반으로 왕실에 강력한 영향력을 행사하고 있었다. 진성여왕이 왕위를 이어받았을 때에는 사십 줄에 접어들 때였다.

하지만 그는 왕위에 욕심을 내지 않고 이인자 자리에 머물렀다. 무슨 이유로 그는 어린 조카들이 왕위를 계승하는 것을 지켜만 보고 있었을까? 조카들을 사랑했기 때문이라고밖에 볼 수 없다.

진성여왕 역시 위홍을 진심으로 사랑한 것은 분명하다. 위홍이 죽은 뒤에 그녀는 그를 혜성대왕(惠成大王)으로 추존했다. <삼국유사> 왕력에는 배필로 나오는 것으로 보아 정식 혼인으로 만든 것도 분명하다. 어쩌면 살아생전에 이미 위홍이 상처하고 홀아비가 되어서 혼인을 했을 수도 있다.

위홍의 아내는 이름이 부호부인(覓好夫人)이라고 나오는데, 진성여왕의 유모였다. <삼국유사>에는 진성여왕의 막내아들(그냥 아들도 아니고 막내아들이다!)로 당나라에 사신으로 간 양패가 등장한다. 진성여왕은 자식이 없어서 조카에게 왕위를 물려주었는데 그럼 이 양패는 누구일까?

어쩌면 양패는 위홍의 아들일 수 있다. 진성여왕이 위홍을 배필로 인정하고 대왕으로 추존하였으니 위홍과 부호부인 사이에서 태어난 아이들도 신분이 상승했을 것이다.

진성여왕은 신라 시대로 보면 혼기를 놓친 경우에 속한다. 아마도 일찍부터 위홍과 사통했기 때문에 혼례를 치르지 않았던 것 같다. 결국은 위홍과 혼인하고 싶었을 것인데 천만뜻밖에도 위홍은 〈삼대목〉 편찬 작업을 끝낸 다음 해 홀연히 세상을 뜨고 말았다.

실의에 빠진 진성여왕은 미소년들을 궁으로 끌어들여 정을 누렸다. 위홍을 남편으로 인정한 이상 새 배필을 찾아 혼례를 치를 생각은 추호에도 없었던 것이다. 단지 끓어오르는 성욕을 해소하고 싶었을 수 있다. 하지만 거기에 그치지 않았기 때문에 문제가 발생했다.

이렇게 함께한 미소년들을 나라 관리에 임명했다. 〈삼국사기〉에서는 '아첨꾼들이 방자하게 굴고 뇌물이 공공연히 행해졌다'라고 비판하고 있다. 진성여왕은 공과 사를 구분하지 못하도록 망가지고 말았다.

즉위 초에 조세 감면과 백고좌, 〈삼대목〉 편찬 등 여러 사업을 야심차게 벌였지만 신라의 재정은 이미 아슬아슬한 상태였다. 거기에 국정도 난맥을 보이자 불과 1년 만에 재정이 파탄 나고 말았다.

진성여왕은 텅 빈 국고를 채우기 위해 지방에 공물과 세금을 바치라고 명했다. 이 명령을 계기로 사방에서 반란이 일어나 버렸다. 이미 각지는 신라 중앙 정부의 말이 통하지 않는 상태였는데 강압적 지시가 내려오자 옳다구나, 하고 반란으로 돌아서 버린 것이다. 궁예와 견훤이 등장하는 것도 바로 진성여왕 때다.

진성여왕은 당에서 돌아온 석학 최치원에게 국정을 바로 잡을 대책을 바치라고 했고, 최치원은 그에 따라 시무 10조를 올렸는데, 진성여왕은 그 시무 10조를 행할 능력이 없다는 것을 깨달았다. 진성여왕은 최치원을 아찬으로 올려 주었지만, 아찬은 6두품이 오를 수 있는 최고 관직에 불과했다.

국정을 주관하며 개혁을 시행할 사람의 직위가 낮으니 무슨 수가 있었겠는가? 결국 그녀는 다음 해에 헌강왕의 서자, 요를 태자로 삼아 양위를 준비했다.

헌강왕이 사냥을 나갔다가 아름다운 여인을 보고 그녀를 수레에 태워 자기 장막으로 데려간 일이 있었다. 장막에서 거사를 치러 낳은 아들이 바로 헌강왕의 서자인 요였다.

진성여왕은 재위 9년째에 요를 태자로 삼았고, 그 2년 후에 요에게 왕위를 물려주었다. 요는 효공왕이 되었다. 이때 15세였다.

진성여왕은 왕위를 물려주고 6개월 후에 숨을 거뒀다. 그녀가 쓴 '양위의 변'에는 국정이 어지러워진 것에 대한 책임도 이야기했지만 몸이 좋지 않다는 말도 들어 있었다. 여전히 젊은 나이였을 그녀는 정말 몸이 아파서 왕위를 물려주었을 수도 있다.

위홍이 좀 더 오래 살아서 진성여왕과 한결같은 사랑을 했더라면 신라의 운명은 조금 더 연장될 수 있었을까. 하지만 망해 가는 나라에서는 왕의 사랑도 사치였을 것이다.

왕건을 왕위에 올린 여인

"대의를 내세워 폭군을 갈아치우는 것은
예로부터 있어 온 일입니다."

신혜왕후

고려를 세운 태조 왕건에게는 아내가 스물아홉이나 있었다. 왕건은 지지를 얻기 위해 여러 유력 호족 가문과 정략결혼을 했던 것이다.

왕건의 아버지는 왕건의 나이 스물 때 궁예 밑으로 들어갔다. 왕건은 그 밑에서 빠르게 두각을 나타내어 스물일곱이 되었을 때 장군으로 승진했다. 이때 왕건은 후백제를 견제하기 위해서 나주를 공략하라는 명을 받고 출정하게 되었다. 나주는 전라남도의 끝에 있으니 당연히 육로로 갈 수는 없고 수군으로 출정해야 했다. 왕건은 자신의 근거지인 송악에서 출발해서 바닷가에 인접한 정주(개풍군)로 이동하고 있었다.

왕건은 오래된 버드나무를 보고 그곳에 말을 세웠다. 잠시 행군을 멈추고 쉬려고 할 때 시냇가에 서 있던 어여쁜 여인을 보았다.

"어느 집 처자신지요?"

왕건이 묻자 여인이 공손히 대답했다.

"이 고을 장자집 딸입니다."

여인의 아버지는 유천궁이라는 인물로 정주의 대부호였다. 사람들은 유천궁을 가리켜 장자라고 불렀다. 왕건은 군을 이끌고 그의 집으로 향했다. 그곳에서 하루 신세를 지게 되었는데, 유천궁은 정성껏 왕건을 대접했다. 그리고 자신의 딸을 왕건의 침실로 보냈다.

왕건은 나주 정벌을 마치고 유천궁의 딸을 불러들이는 것을 잊어버렸다. 그 딸은 정절을 지키고자 머리를 깎고 비구니가 되었다.

왕건은 6년 후에 정주로 다시 왔다. 또 한 번 나주로 수군을 이끌고 떠나게 되었던 것이다. 이때 유천궁의 딸이 비구니가 되었다는 소식을 듣고 놀랐다. 왕건은 자신의 무신경함을 탓하고, 유천궁의 딸을 불러들여서 아내로 삼았다.

유씨는 왕건이 아니면 결혼을 하지 않을 작정을 하고 있었던 것이다. 그녀가 호락호락한 인물이 아니라는 것은 그 후의 일로 알 수 있다.

궁예의 폭정이 도를 넘어서자 휘하 장군들은 반란을 꾀하기 시작했다. 그들이 받들고자 하는 사람은 바로 왕건. 홍유, 배현경, 신숭겸, 복지겸 등이 왕건의 집에 찾아왔다.

왕건은 그들이 심상찮은 이야기를 할 것을 알고 유씨를 먼저 불렀다.

"채소밭에 새로 익은 오이가 있으면 좀 따 와 주세요."

유씨는 밭으로 나가는 척하다가 집 뒤로 돌아서 창으로 들어와서는 휘장 뒤에 숨었다. 왕건이 혼자 있는 줄 안 홍유 등이 말했다.

"당금 주상은 형벌을 남용하여 처자를 죽이고 신료를 주살하니, 백성이 도탄에 빠져 부지할 수 없습니다. 어리석은 군주를 폐하고 밝은 주인을 세우는 것은 천하의 대의이니 청컨대, 공께서 왕위에 오르십시오."

왕건은 낯을 붉히며 거절했다.

"나는 덕이 없는 몸으로 그런 반역을 행할 수 없소."

재차 장군들이 권했지만 왕건은 요지부동이었다. 그때 휘장 속에서 유씨가 뛰쳐나왔다.

"대의를 내세워 폭군을 갈아치우는 것은 예로부터 있어 온 일입니다. 지금 장군들의 의견을 들으니 저도 의분을 참을 수 없습니다."

유씨는 이렇게 말한 뒤에 왕건의 갑옷을 꺼내 입혀 주었다. 왕건이 갑옷을 입고 거리에 나서자 장군들이 일제히 "왕공이 이미 의기를 들었다!"라고 외쳤다. 삽시간에 인파가 모여 1만여 명이 궁궐로 쳐들어가자 궁예는 놀라서 달아나 버렸다.

왕건이 왕위에 오르자 유씨는 신혜왕후가 되었다. 왕건은 후당에 표를 올려 신혜왕후를 책봉해 주기를 청했다. 후당은 "고려국왕의 처 하동 유씨는 내조하는 말이 정당하였으며 도움을 준 바도 실로 많았다. 국가 대사를 좋은 계책으로 보좌하였으며 부인으로서 총애와 우대를 받아 왔다. 임금을 보좌하여 충절을 이루었으며 남편을 섬기는 데 유순하고 현명하였다. 이에 일반적 관례를 뛰어넘어 특별한 명예를 주노니 더욱 근왕의 뜻을 가다듬어 나간다면 이것이 국은에 보답하는 규범이라고 말할 것이다. 그대를 하동군부인으로 봉하노라" 하는 국서를 보내어 신혜왕후의 공을 치하했다.

스물아홉이나 되는 왕건의 부인 중에서 으뜸을 차지할 만한 여인이 바로 이 신혜왕후였다.

고구려를 들었다 놨다

"더불어 함께하고 내세에도 같이 있기를."

천추태후

전근대 시절의 부부는 가문이 정해 주는 것으로, 두 사람은 일절 얼굴 한 번 보지 못한 상태에서 부부가 되어 살아가는 것이 일반적이다. 이러다 보니 훗날 마음에 드는 이성을 만나게 됐을 때 자연스럽게 사랑에 빠지는 것이 이상한 일은 아닐 것이다.

고려를 들었다 놨다 한 여인으로 천추태후가 있다.

천추태후는 태조 왕건의 손녀였으나 아버지는 다섯 살 때, 어머니도 일찍 사망하여 할머니 집안인 황보 가문에서 자라났다. 황보 가문은 황해도 황주를 영지로 가지고 있는 호족이었다.

그리고 먼 친척으로 김치양이라는 인물이 있었는데 어려서부터 천추태후와도 알고 지내며 연정을 싹틔웠던 모양이다. 그러나 두 사람 사이에 생긴 애틋한 감정은 천추태후가 경종의 비로 선발되면서 여지없이 끝장이 나 버렸다.

경종도 천추태후와 마찬가지로 왕건의 손자였다. 고려의 왕실은 근친혼을 했는데, 여자들은 왕씨 성을 갖지 않는 것이 일반적이었다. 천추태후도 왕건의 손녀지만 할머니의 성을 따라 '황보'를 성으로 하고 있었다. 황보 가문은 고려 초, 왕실에 막강한 세력을 가지고 있었다.

태조 왕건의 후비로 그 딸은 다시 광종과 결혼해서 경종을 낳았고, 경종도 또 황보 가문의 딸인 천추태후와 그 동생까지 비로 들였다.

천추태후는 17세에 아들을 낳았다. 그런데 남편 경종이 다음 해, 27세라는 젊은 나이에 죽고 말았다. 그러자 왕위는 한 살배기 아들이 아니라 천추태후의 오라비인 넘어갔다.

지아비도 죽고 왕권도 놓친 천추태후는 천추궁으로 물러나 조용히 지내야 했다. 함께 후비가 된 동생도 마찬가지 신세였다.

천추태후의 동생인 헌정왕후는 어느 날 밤 이상한 꿈을 꾸었다. 높은 고개에 올라 오줌을 누었더니 온 나라 안에 흘러넘쳐 은빛 바다를 이루는 꿈이었다. 바로 점쟁이를 찾아가 해몽을 요청했다.

"아들을 낳으면 왕이 되어 한 나라를 가지게 되는 꿈입니다."

헌정왕후가 웃어 버렸다.

"나는 과부인데 아들을 어떻게 낳겠소?"

말은 맞지만 세상일이 그렇게 흘러가지는 않았다. 헌정왕후와 가까운 곳에 태조의 아들 중 하나인 안종이 살고 있었다. 두 사람은 오가다 인연을 맺어 사통하게 되었고, 급기야 헌정왕후는 임신을 하고 말았다. 사람들은 차마 무서워 입에 올리지 못하고 있었다. 산달이 가까워지자 헌정왕후는 안종의 집에 머물게 되었다.

집안사람들은 장작을 뜰에 쌓아 놓고 불을 질렀다. 왕실 어른의 집에 불이 났으니 성종이 친히 안부를 묻게 되었다. 집안사람들은 이때다 싶어 안종과 헌정왕후의 불륜을 고했다.

성종은 크게 화를 내고 안종을 지방으로 멀리 귀양 보내 버렸다. 헌정왕후는 부끄럽고 한스러워 통곡하다가 자기 집으로 돌아가던 길에 대문 앞에서 출산을 하고 말았다. 대문 앞 버드나무를 붙들고 힘을 쓰다가 아기는 무사히 낳았지만 탈진해서 생을 다했다.

소식을 들은 성종은 불쌍한 마음에 유모를 보내 아이를 기르게 해 주었다. 유모는 아기를 기르며 아빠라는 말을 가르쳤는데, 성종이 아기를 보게 되었을 때 아기가 성종에게 "아빠, 아빠" 부르자 성종은 아기가 불쌍해서 눈물을 흘렸다.

이 일로 성종은 아기를 아빠에게 보내야겠다고 생각하고 안종에게 보내 주었다. 이 아기의 이름은 왕순으로, 후일 현종으로 즉위하게 된다. 헌정왕후의 꿈이 맞았던 것일까?

하지만 사실은 이 꿈은 김유신의 누이가 꾼 꿈, 왕건의 조상이 꾸었던 꿈 이야기와 똑같다. 또한 불이 나서 임신 사실이 알려졌다는 것도 김유신의 누이 문명왕후의 이야기와 비슷하다. 아마도 현종이 즉위한 뒤에 지은 이야기일 것이다.

동생이 아기를 낳다가 죽은 사건은 언니인 천추태후에게 인생무상을 일깨웠다. 천추태후는 천추전으로 과거의 정인을 몰래 불러들였다. 김치양은 중으로 변장해서 들어와 천추태후와 밀회를 즐겼다.

소문이 안 날 수 없는 일이었다. 성종은 김치양을 잡아서 곤장을 치고 유배를 보냈다. 천추태후는 분하기 이를 데 없었지만 대항할 방법이 없었다. 하지만 시간은 천추태후의 편이었다. 성종은 딸만 낳았기 때문에 다음 왕위 계승으로 그녀의 아들, 왕송이 유력했다. 성종도 왕송이 열한 살이 되었을 때 개녕군에 봉해서 왕실의 공식 지위를 내려 주었다.

몇 년이 지나자 강력한 왕위 계승 후계자인 안종이 죽고, 그다음 해에 성종도 사망했다. 성종은 죽기 직전에 왕위를 왕송에게 물려 주었다. 왕송은 고려 7대 왕, 목종으로 등극했다. 이때 나이는 성년 인 18세였다. 그럼에도 불구하고 천추태후는 정치에 개입하여 섭 정의 자리에 올랐다.

성종 대에는 경주와 나주 출신들이 정권을 장악하고 있었는데, 천추태후가 정권을 잡으면서 서북 지방의 힘이 갑자기 커지게 되 었다. 천추태후의 나이는 서른넷. 정치가 천추태후가 머무는 천추 전에서 벌어졌기 때문에 그녀를 천추태후라고 부르게 되었다.

걸릴 것이 없어진 천추태후는 과거의 정인인 김치양을 불러들 였다. 왕실의 의전을 담당하는 합문의 사인으로 임명하고 계속 승 진해서 우복야의 지위로 올라가 나라의 인사권이 김치양의 손에 들어갔다. 그의 집에는 뇌물이 끊이지 않았다.

김치양은 300여 간에 이르는 호화 저택을 지어 밤낮으로 천추태후와 운우지락을 누렸다. 김치양의 양물이 크고 단단해서 진시황 때의 전설적인 정력가 노애처럼 그곳에 수레바퀴를 걸고 돌릴 수 있었다고 한다.

천추태후는 궁궐에 시왕사라는 절을 세웠다. 그 절의 종에 다음과 같은 시를 새겨 놓았었다.

이번 생은 동쪽 나라에서 지내니
함께 불법을 교화하고 수련하고
다음 생에는 천축국으로 가서
함께 불법의 진리를 증거하리라

천추태후는 김치양과 더불어 함께하고 내세에도 같이 있기를 바랐던 것이다.

목종은 김치양이 못마땅했지만 당장은 어머니가 하는 일을 막을 힘이 없었다. 그가 김치양과 맞서게 되는 것은 5년이나 지난 뒤였다. 이때 목종이 자신을 반성하는 조서를 내렸는데, 그 조서 안에는 신하가 잘못된 일을 권했다는 구절이 나온다.

그런데 이 무렵, 김치양과 천추태후 사이에는 큰일이 발생했다. 천추태후가 임신을 한 것이다. 목종은 남자를 좋아했던 모양으로, 결혼은 했지만 후사가 없었다. 이런 상황에서 천추태후에게는 새 아들이 생긴 것이다. 물론 아버지는 김치양이다.

천추태후는 세상을 바꿔 보는 쪽으로 패를 던졌다. 우선 왕위 계승의 가능성이 제일 높은 안종과 동생 사이에서 생긴 조카 왕순을 강제로 승려로 만들어 버린다. 다섯 살에 아버지를 잃었던 왕순은 열두 살에 강제로 승려가 되었다.

천추태후는 이 정도로 안심할 수는 없었다. 왕순에게 음식을 하사했는데 독을 탄 것이었다. 천추태후를 의심하고 있던 왕순은 먹지 않고 짐승들에게 던져 주었다.

목종도 어느새 서른 살이 되었다. 이제 더 이상은 어머니의 전횡을 두고 볼 수만은 없다고 생각했다. 그렇게 목종이 은밀히 반격을 준비하는 중에 뜻밖의 사고가 벌어진다. 어머니의 본거지인 천추전이 화재로 전소되고 만 것이다.

이 사건으로 천추태후와 김치양 일당은 정치적 집결지를 잃어버렸다. 호기라고 생각한 목종은 즉각 반격을 개시했다. 현종을 불러오게 하고, 궁실 경호를 강화했다. 여기에 한술 더 떠서 북방의 실력자인 서북면 도순검사 강조에게 도성으로 와 자신을 호위하라 명했다.

강조는 개경으로 오다가 이 호출이 사실은 천추태후가 자신을 잡아 죽이려는 덫이라는 잘못된 정보를 입수해서 다시 북방으로 돌아가 버렸다. 그는 궁궐이 이미 천추태후에게 장악되었다고 생각하고 이들을 무찌를 군대를 끌고 오고자 했다.

한편, 강조가 돌아간 이유를 몰랐던 강조의 부친은 강조에게 황급히 전갈을 보냈다. 강조가 빨리 오지 못하면 천추태후 일파의 반격이 시작될 게 분명했다. 전령은 정말 전력을 다해서 달려갔고 그 때문에 도착하자마자 쓰러져 죽고 말았다. 강조는 전령의 지팡이에 숨겨 놓은 아버지의 전언을 읽고 군사를 일으켜 개경으로 쳐들어갔다.

이때 목종은 병이 난 척하고 드러누워 있었는데, 강조의 부친은 목종이 금방 죽을 것이라 생각해서 목종이 이미 죽었고 김치양 일당이 전권을 장악했다고 보냈다. 하지만 목종은 멀쩡히 살아 있었으므로 어명도 없이 군대를 끌고 온 강조는 반란군의 수괴가 되고 말았다.

강조는 왕순을 왕위에 옹립하는 것만이 살길이라고 생각하고, 군사 일부를 갈라 왕순을 모셔 오게 했다. 하지만 왕순은 이미 목종 옆에 와 있었다. 이 사실을 모른 강조는 목종에게 전령을 보내 왕순을 후계자로 삼으라는 상소를 올렸다.

목종 입장에서는 아닌 밤중에 홍두깨인 셈이었다. 강조가 왕명도 없이 군사를 끌고 내려온 이상, 결국 공신이 되기 위해 자신을 살해할 것이라는 게 분명했다. 하지만 손 쓸 방도가 없었다. 이미 신하들도 강조 편에 붙어 버렸던 것이다.

강조는 왕순을 모시고 즉위식을 치른 뒤에 김치양과 그 아들을 처형했다. 김치양은 위기 상황에서는 전혀 쓸모없는 인간이었다. 변변한 대책 하나 내놓지 못하고 두 손 놓고 있다가 당하고 말았다. 궁에서 쫓겨난 목종도 강조가 보낸 부하에게 살해당했다.

홀몸이 된 천추태후는 할머니의 고향인 황주로 유배되어 21년을 회한 속에 살아가야 했다.

숙종으로 살고 숙종으로 죽은

"모든 일의 설계가 그의 뜻이었다면?"

장희빈

장희빈은 역사 속 여성 중 가장 인기가 좋은 사람이다. TV 드라마로도 여섯 번이나 제작이 되었다. 장희빈의 이런 인기는 현대에만 있었던 것이 아니다. 조선 시대에도 〈인현왕후전〉, 〈박태보전〉, 〈민중전실기〉, 〈장희빈전〉, 〈숙종대왕실기〉 등의 작품이 있었고, 장희빈을 모티프로 하는 〈사씨남정기〉도 인기 작품이었다.

이런 작품 속에서 장희빈은 대개 악녀로 소개되었고 대중에게도 역시 악녀로서의 이미지가 강하다. 그러나 최근에는 장희빈이 지나치게 악인으로 묘사되었다는 평가도 많이 나오고 있다. 이런 연구에 따라 드라마상의 장희빈도 다소 달라진 캐릭터로 나오기도 하는 중이다.

장희빈은 인동 장씨로 대대로 역관을 하는 중인 가문의 딸이었다. 이름은 옥정. 태어날 때 태양이 가슴으로 들어오는 태몽을 꾸어 부모는 그녀가 귀인이 될 거라는 희망을 가졌다.

종가의 큰아버지 장현은 대부호였다. 역관의 과거 시험인 역과에 장원을 했고 소현세자를 따라서 청나라 심양에서 6년을 지내기도 했다. 역관의 부는 밀무역으로 얻는데, 장현도 인삼과 염초, 유황 등을 거래해 부자가 되었다. 장현은 딸을 궁녀로 넣어서 정계에 줄을 대고자 했다.

장옥정의 아버지 장형은 장현의 사촌으로 그도 역관이었다. 장형도 부자였는데 장옥정이 열 살 때 죽었다. 그러니 장옥정이 집안이 어려워서 궁녀로 팔려 가거나 한 건 아닐 것이다. 그럼 입궁은 언제 했을까?

장옥정이 왕비가 될 때 내려진 책봉문에 보면 장옥정이 결발(結髮)할 때 궁에 들어왔다고 나온다. 결발은 머리를 올려 쪽을 지는 것을 말하는데, 일반적으로는 혼례를 치르는 것을 의미한다. 혼례를 치르지 않고 머리를 올리는 것을 원래 '계례'라고 불렀는데, 보통 15세 정도가 되면 계례를 치렀다. 숙종이 즉위한 때는 15세였고 장옥정은 16세였다. 그러니 이 무렵 입궁했을 가능성이 높다.

그런데 장옥정이 궁에 들어간 데에는 조사석이라는 사람이 관련이 있다는 말이 있었다. 조사석은 인종의 두 번째 왕비였던 장렬왕후(조대비)의 재종 조카였다.

장옥정의 어머니 윤씨가 조사석 처갓집의 노비였다고 〈숙종실록〉에 전하고 있다. 윤씨는 조사석과 밀통 관계였고, 장씨 집으로 시집을 간 이후에도 밀회를 나눴다고 한다. 그러나 이에 대해서는 〈숙종실록보궐정오〉(소론이 집권한 뒤, 노론이 쓴 숙종실록에서 잘못된 부분을 고친 실록)에서는 근거 없는 허황된 말이라고 적어 놓았다.

사실 이것은 증거가 약한 말이다. 장옥정의 어머니는 같은 역관 집안의 딸로 숙종이 왕비로 책봉할 때도 좋은 집안의 딸로 태어났다고 언급하고 있다. 어머니가 노비 출신이면 조선의 법상 장옥정 역시 노비여야 했으므로 그녀가 품계를 받는 동안 문제가 되지 않을 수 없었을 것이다. 또한 장옥정의 오빠 장희재는 무과에 급제하여 내금위에 근무하고 있었다. 역관 집안에서 무과에도 꽤 많이 진출했는데, 장희재도 그런 경우이다. 노비의 아들이면 무과 등과하여 벼슬을 할 수 없었을 것이다. 이런 점으로 미루어 볼 때 장옥정의 어머니가 노비였다는 것은 뒤에 나온 험담일 가능성이 높겠다.

장옥정이 궁녀가 되어서 바로 승은(왕과 잠자리를 같이 하는 것)을 입은 것은 아니다. 숙종은 이미 혼례를 치른 몸이었다. 첫 번째 왕비인 인경왕후는 숙종 6년인 1680년에 20세로 죽었다. 장옥정이 승은을 입은 것은 이 무렵이었다. 멋진 줄을 잡았나 싶었지만 그 희망은 잠시 후 무참하게 박살이 났다. 대비 명성왕후(현종의 비)에게 미움을 산 것이다. 장옥정은 궁에서 쫓겨나고 말았다.

명성왕후는 장옥정이 어지간히 마음에 들지 않았던 모양으로, 다음 해에 인현왕후 민씨가 들어와서 장옥정을 불러들이자고 허락을 구하였으나 일언지하에 거절해 버렸다.

"중전은 그 사람을 아직 보지 못해서 그런 말을 하는 것이오. 그 사람은 매우 간사하고 악독하오. 주상은 평소에도 즐겁고 노여운 감정이 느닷없이 일어나는데 그 사람의 꼬임을 받게 되면 나라에 화란이 되고 말 것이오."

인현왕후는 재차 허락을 구했으나 명성왕후는 끝까지 허락하지 않았다. 인현왕후가 이처럼 장옥정을 궐내로 부르고자 한 것은 숙종의 그리움이 그만큼 컸다는 것을 의미한다.

결국 명성왕후가 세상을 떠나고 삼년상을 마친 뒤인 1686년에서야 장옥정은 다시 궁으로 돌아올 수 있었다. 6년 만의 환궁이었다. 당연히 숙종은 뛸 듯이 기뻐했다. 하도 장옥정만 좋아하니 관심을 분산시키고자 후궁을 새로 들였다.

하지만 숙종은 거들떠보지도 않았다. 그는 장옥정을 위한 별당을 궐내에 짓게 했다. 조선 시대에 토목 공사는 쉽게 할 수 없는 일이었다. 조정 관원들의 항의가 들어왔다. 숙종은 신하들이 헛소문을 들은 거라 일축하고 별당 공사를 마무리했다. 그리고 곧이어 장옥정에게 종4품 숙원의 품계를 내렸다. 장숙원의 거처에 노비 100명을 선물로 보내기도 했다.

장옥정의 위세가 올라가자 신하들은 불안해졌다. 특히 장씨 집안이 남인과 친분이 있는 것이 더 좋지 않았던 모양이다.

문제의 조사석이 이때 등장한다. 조사석이 정승 자리에 낙점되는 일이 생겼는데, 그는 원래 후보가 아니었다. 뒷날 〈사씨남정기〉를 쓴 김만중이 숙종에게 쓴소리를 했다. 숙종은 노발대발했다.

"조사석이 연줄을 대어 정승 자리를 얻었다고? 광해군 때 매관

매직하던 일을 내가 했다는 말이냐! 내가 금을 받았는지, 은을 받았는지 분명히 고하라!"

김만중은 이 일로 귀양을 가게 되었다. 장옥정은 승승장구했다. 소의(정2품)로 품계가 올랐고 아들을 낳았다. 아들은 태어난 지 석 달 만에 왕세자가 되었고 장옥정은 빈(정1품)이 되었다. 드디어 사람들이 모두 아는 그 이름, 장희빈이 된 것이다.

여기서 멈추지 않았다. 숙종은 인현왕후를 폐출시키고 노론 계열 후궁인 영빈 김씨도 내쫓았다. 서인은 인현왕후 폐출 건에서는 한입을 모아 잘못된 일이라고 상소를 올리기 시작했다. 숙종의 노여움은 커서 박태보 같은 경우는 국문의 후유증으로 유배를 가던 중에 사망할 정도였다. 왕세자 책봉에 반대한 송시열에게는 사약이 내려졌다. 서인이라면 노론, 소론 가리지 않고 쓸려 나갔고, 남인이 집권했다. 장옥정은 왕비가 되었다.

숙종은 장옥정을 위해서는 뭐든 할 태세였다. 그때까지 진행되던 공물 절감도 철회되었다. 장희빈 집안에 보내기 위해서였다. 역관 집안은 상업도 겸하는 경우가 많았기 때문에 장씨 가문에 도움이 되는 일을 왕이 하기 시작했던 것이다.

그러나 왕의 총애는 독차지하기가 어려운 일이었던 모양이다. 장옥정이 숙종의 사랑을 독차지한 지 7년째가 된 1693년, 숙종의 총애가 다른 여자에게로 옮아갔다. 그녀는 뜻밖에도 궁에서 제일 하찮은 무수리, 최 숙원이었다. 더욱 큰 문제는 최 숙원이 원래 인현왕후가 데리고 들어온 노비였다는 사실이었다. 최 숙원은 왕자를 낳았다. 이 왕자가 훗날 왕위에 오르는 영조다.

사태가 심상치 않다고 판단한 장옥정의 세력인 남인 쪽에서는 일거에 이 일을 해결할 방안을 모색했다. 자칫 서인이 다시 밀고 들어올지 모를 일이었다.

남인 측에서는 다음 해 3월 23일, 서인 쪽에 왕비 복위 비밀 결사가 있다고 고변을 했다. 숙종은 철저하고 엄격한 조사를 명했다. 그런데 3월 29일에는 장옥정의 오빠 장희재가 최 숙원을 독살하려고 했다는 고변이 올라왔다. 서인 쪽의 반격이었다. 숙종은 고변한 사람들을 가두게 하는 등 남인의 편에 서는 것처럼 행동했다.

그러나 다음 날 숙종의 태도가 돌변했다. 남인들을 일거에 물리치고 서인을 발탁했다. 순식간에 정권은 서인의 손으로 넘어갔다.

4월 12일에는 인현왕후가 돌아왔다. 장옥정은 별당 취선당으로 밀려나 다시 희빈의 지위로 돌아가고 말았다. 이로부터 7년은 장옥정에게는 치욕의 시간이었다. 그토록 사랑했던 숙종은 다시는 찾아오지 않았다.

인현왕후는 숙종 27년(1701년) 8월 14일에 죽었다. 숙종은 9월 25일, 장옥정이 인현왕후를 무고하여 죽음에 이르게 했다고 하여 스스로 죽으라고 명했다. 사건의 조사가 채 마무리되지도 않은 때였다.

이날로부터 숙종은 친국에 나서 정국을 이끌었다. 10월 3일, 관련된 궁녀 등을 모두 참수형에 처했다. 신하들이 향후 몰아칠 위기를 생각해 다퉈 상소를 올렸으나 10월 8일 다시 자살을 명하는 하교가 내려졌다.

이것을 시행해야 하는 신하들도 난감한 일이었다. 어떻게 자살해야 하는 것일까? 신하들이 방법을 묻자 숙종은 사약 말고 다른 방법이 없다고 대답했다. 차갑기 그지없는 이야기였다. 장옥정도 살아날 방법이 없다는 것을 알았다.

10월 10일, 장옥정이 이미 죽었다고 실록은 적고 있다. 그녀가 아들을 고자로 만들었다느니 하는 이야기는 믿을 것이 못 된다.

장옥정은 대부호 가문의 딸로 자라나 타고난 미모로 중인 출신 궁녀에서 왕비의 자리까지 올라갔다. 그들 가문은 오로지 실력으로 자신들의 지위를 개척해 나간 사람들이었다.

그런데도 장옥정이 왕의 총애가 식은 것을 뻔히 알면서도 왕비를 제거하면 다시 그 자리를 차지할 수 있다고 믿었을까? 아니, 그럴 수 있다고는 해도 왕비를 제거하는 수단으로 주술을 동원할 만큼 어리석었을까?

이 모든 일의 설계가 숙종의 뜻이었다면?

인현왕후가 죽자 숙종은 장옥정이 두려웠던 것 같다. 장옥정은 숙종이 죽은 뒤면 다음 왕의 어머니, 대비가 된다. 아들은 유약하고 인현왕후도 없으니, 궁궐은 장옥정의 뜻대로 휘둘릴 공산이 컸다. 숙종은 장옥정에게 자살하라는 명은 거둬 달라는 신하들에게 "역사를 살펴보면 태자가 어질고 효성스러워도 그 어미의 악행을 제어하지 못했다"라고 노골적으로 자신의 뜻을 이야기했다. 그에게는 사랑보다 권력이 더 우선이었던 것이다.

꿈으로 이어지는 그녀의 운명

"따님의 귀함은 이루 말할 수 없습니다.
반드시 국모가 되실 겁니다."

공예태후

고려 중신인 임원후의 딸이자 인종의 왕비인 공예태후는 의종, 명종, 신종의 어머니이다. 5남 4녀를 낳았는데 그중 세 명의 아들이 왕위에 올랐다.

그녀는 인종과 같은 해인 1109년에 태어났는데, 태어나던 날 외할아버지인 예부상서 이위가 특이한 꿈을 꾸었다. 노란색의 큰 깃발이 이위의 집 중문에 세워져 있는데 깃발의 꼬리는 궁궐의 정전인 선경전 치미(지붕 용마루 끝을 막는 커다란 기와)에 휘감겨 나부끼고 있었다. 이위는 특이한 꿈과 함께 태어난 외손녀를 총애하며, "이 아이가 훗날 선경전에서 노닐게 될 것이다"라고 말했다.

인종은 1122년 14세의 나이로 즉위했다. 아직 왕비의 자리는 비어 있었다. 다음 해에 임 소저가 15세가 되어 계례를 올릴 때가 되었다.

옛날에는 남자가 15세가 되면 관례라고 해서 어른이 되었음을 알리는데 이때 혼인을 하지 않았어도 상투를 올리기도 했다. 마찬가지로 여자도 15세가 되면 어른이 되었다고 하여 계례를 올리고 쪽을 지기도 했다. 이때가 되면 혼인을 해서 관례와 계례가 혼인과 함께 치러지기도 했다.

임 소저 역시 15세가 되어서 혼례를 치르게 되었는데 상대는 왕이 아니라 평장사 김인규의 아들 김지효였다. 이 김인규는 이때 권신 이자겸과 사돈 사이였다.

그녀의 아버지 임원후는 이자겸을 탐탁지 않게 생각하고 있었다. 임씨 가문은 권신의 발호에 늘 반대 입장을 가지는 근왕파에 속했다. 윤관이 여진 정벌을 하고 나서 윤씨 가문의 세력이 커지자 이에 대해서도 견제의 입장이었을 정도였다.

이 때문에 이 혼인 자체를 반기지 않았던 것 같다. 결혼식 당일에 임 소저는 갑자기 아프다는 핑계를 대고 신랑을 돌려보내 버렸다. 이후 임원후는 점쟁이를 불러 병에 대해 점을 치게 했는데, 점쟁이는 이렇게 말했다.

"근심할 것이 없습니다. 따님의 귀함은 이루 말할 수 없습니다. 반드시 국모가 되실 겁니다."

당연히 이런 이야기는 임 소저가 왕비가 된 뒤에 만들어졌을 것이다. 이 파혼의 대가는 컸다.

이자겸은 사돈 집안을 망신시킨 임원후를 그냥 내버려 두지 않았다. 그의 관직이 개성부사로 강등되었다. 이자겸은 그다음 해에 셋째 딸을, 다시 반년 후에 넷째 딸을 인종의 왕비로 들이게 했다. 이들은 인종에게는 이모가 되는데, 고려 시대에 이게 아주 큰 결함은 아니었다. 이자겸은 외척 등장을 막기 위해 이 혼사를 억지로 성사시켰다.

그런데 뜻밖에도 이들 부부 사이는 나쁘지 않았다. 인종은 이자겸을 제거하려고 했다가 실패하고 마는데, 이때 이자겸은 인종을 독살하려고 했다. 독이 든 떡과 약을 보내서 암살하려고 한 건데 이자겸의 넷째 딸이 방비해서 인종은 목숨을 건질 수 있었다.

이것은 뒷날의 일이고 인종이 왕비를 맞았으니 임 소저가 왕비가 될 길은 이제 보이지 않았다. 그런데 어느 날 개성부의 관리 하나가 개성부사 임원후를 찾아와 은밀히 말했다.

"소인이 청사 대들보가 갈라지더니 큰 구멍이 생기는 꿈을 꾸었습니다. 이 구멍에서 황룡이 나왔습니다. 댁에 큰 경사가 있을 것입니다."

그리고 다음 해 인종은 이자겸과 척준경(윤관을 따라 여진 정벌에 큰 공을 세운 장군) 등 권신을 제거하려고 하였으나 오히려 역공을 당해 유폐가 되고 말았다. 이때 인종의 측근들이 대거 살해당했는데 임원후는 궁에 있지 않아서 오히려 목숨을 부지한 셈이었다.

인종은 이자겸에게 왕위를 넘기겠다고 말할 정도로 궁지에 몰렸다. 다만 이자겸도 아직은 왕위에 오를 준비가 되어 있지 않아서 이 제안을 받아들이지 못했다. 그리고 지나치게 비대해진 권력이 이자겸과 척준경 사이를 갈라놓았다.

인종은 그 틈을 놓치지 않고 척준경을 회유했다. 결국 척준경이 이자겸을 제거하였다. 이자겸의 두 딸도 내보내야 했다. 새로 왕비를 누구를 뽑을 것인가가 문제가 되었다. 이때 또 꿈 이야기가 등장한다. 이번에는 인종이 꿈을 꾸었다.

인종은 꿈에서 들깨 닷 되와 해바라기 석 되를 얻었다. 척준경이 해몽을 했다. 들깨는 한자로 '임자(荏子)'라고 쓰니까 임씨 성을 가진 왕비를 맞으면 닷 되, 즉 왕자를 다섯 얻을 것이고, 해바라기는 '황규(黃葵)'라고 쓰는데 이것은 황제의 도리를 가리키는 말과 발음이 같으니 아들 셋이 왕위에 오를 것을 가리킨다고 풀었던 것이다.

물론 이런 이야기 역시 뒤에 만들어졌다고 보아야겠다. 실상은 척준경이 왕비를 지목한 것이다. 즉 이자겸에게 밉보여 쫓겨났던 임원후의 딸을 왕비로 삼게 한 것이다. 이때 인종과 임 소저의 나이는 18세였다.

임 소저는 입궁하여 연덕궁주가 되었다. 연덕궁은 현종 때 후궁의 이름으로 붙여진 곳이며 이자겸의 딸 역시 연덕궁주였었다. 인종 7년에 정식으로 왕비가 되었다. 공예태후라는 이름은 그녀가 75세로 죽은 뒤 붙여진 시호이다.

이자겸의 딸들은 폐비가 되어 궁에서 내보내졌지만 인종은 이들을 후히 대접하였고 넷째 딸은 공예태후보다도 12년을 더 살았다.

공예태후가 15세 때 김지효와의 혼인을 거부한 뒤로 18세가 되도록 혼인을 하지 못한 것은 이자겸의 권세 때문이었을 것이다. 당대 최고 권신인 이자겸의 눈밖에 난 집안과 쉬 혼인을 하기 어려웠을 것이다.

인종은 공예태후를 깊이 사랑한 모양이다. 혼인한 다음 해 원자를 낳은 것을 시작으로 총 5남 4녀를 출산한 것만 보아도 알 수 있다.

인종은 서경을 방문했을 때도 왕비를 대동하였고, 대동강에서 왕비를 위한 잔치를 열기도 했다. 총애가 깊었던 만큼 처가인 임씨 가문뿐만 아니라 공예태후의 외가였던 수주 이씨 가문까지 많은 은혜를 받았다.

그녀가 귀해지고 권력을 누리게 되면서 원래 왕비로 점지되었다는 전설들이 만들어졌다고 할 수 있다. 이것은 그녀의 삶이 칭송받을 만했기 때문에 생겨난 것이라고도 볼 수 있을 것이다.

나란히 왕비가 된 자매들

"그들은 모두 행복했을까?"

장경왕후, 광정태후, 선정태후

강릉공 왕온은 고려 11대 문종의 손자이자 왕도의 셋째 아들이었다. 그는 강릉 김씨, 김고의 딸과 결혼하였고, 그 자식들은 종실의 지위를 갖지 못하게 되었다.

왕온은 2남 4녀를 낳았는데 이 중 다섯 명이 제17대 인종 자녀들과 결혼했다. 김고 역시 여자 형제가 제16대 예종의 비인 외척 집안이었다.

왕온은 제15대 숙종 때 검교 공부상서의 자리에 올랐다. 왕온은 숙종의 조카, 예종의 4촌, 인종의 5촌 당숙으로 왕실과 가까운 사이였다. 하지만 지위는 미미하여 후, 공의 지위에 오를 수 없었다. 그는 죽을 때까지 강릉후까지밖에 못 올랐고, 죽은 뒤에 추증으로 강릉공이 되었다. 강릉후에 오른 것도 큰딸이 인종의 장자, 왕철(제18대 의종)과 결혼한 뒤였다.

왕온의 큰딸은 인종 21년에 왕철과 결혼하여 흥덕궁주가 되었다. 효령태자와 경덕, 안정, 화순의 세 궁주를 낳았다. 뒤에 장경왕후라는 시호를 받았다.

둘째 딸은 둘째 아들 대령후 왕경과 결혼했다.

셋째 딸은 광정태후로 셋째 아들 왕호(제19대 명종)와 결혼했다. 제22대 강종과 연희, 수안의 두 궁주를 낳았는데 명종이 왕위에 오르기 전에 죽고 말았다.

넷째 딸은 선정태후로 다섯째 아들 왕탁(제20대 신종)과 결혼했다. 그녀는 제21대 희종과 양양공 왕서, 효회공주, 경녕궁주를 낳았다.

이렇게 해서 세 딸이 모두 왕비가 되고 또 그녀들의 아들 중 둘이 왕이 되는 기묘한 일이 벌어졌다.

딸들만 결혼을 한 것이 아니었다. 왕온의 아들 왕영은 인종의 딸 승경궁주와 결혼했다. 왕온의 자녀는 무려 다섯이 왕실과 연을 맺은 것이다.

큰딸과 결혼했을 때 왕철의 나이는 17세였다. 둘은 7촌 간이어서 고려 왕실의 혼인 사례로 보면 다소 먼 사이였다.

왕철은 학문을 닦는 것보다 노는 것을 좋아했다. 이 때문에 어머니 공예태후는 둘째 왕경에게 왕위를 넘겨야 한다고 생각하기도 했다. 다행히 당대 명신 정습명의 비호 때문에 태자 자리를 유지할 수 있었다.

의종은 그리 똑똑한 편이 아니었다. 아버지 인종이 일가친척인 왕온의 딸과 혼인을 시킨 이유도 외척이 등장해서 휘둘리게 되는 것을 막기 위해서였을 것이다. 의종 자신도 그런 점을 알고 있었다.

의종은 스무 살에 왕위에 올랐다. 더 똑똑하다는 평을 받고 어머니도 편을 들어주고 있는 둘째 동생 왕경이 껄끄러울 수밖에 없었다.

고려는 형제 상속도 자주 있었다. 왕경이 세력을 키울 수 없게 만드는 것이 중요했다. 그는 둘째 왕경과 셋째 왕호 둘 다 왕온의 딸들과 결혼하게 했다. 왕온은 의종이 즉위했을 때 죽었기에 왕비 집안은 구심점이 될 국구(왕의 장인)가 부재한 상태였다. 이로써 동생들의 세력을 줄이는 데 성공했다.

그렇게 되었음에도 불구하고 왕경은 결국 의종 11년에 유배형을 받고 쫓겨났다. 아마도 그 후 일찍 죽어서 그의 아내인 둘째는 친정집으로 돌아가야 했던 것 같다. 자매지간에 운명이 이렇게 갈라져 버리고 말았다.

의종의 비였던 큰딸은 행복했을까?

의종은 친동생이었던 덕녕궁주를 좋아하여 매번 그녀를 잔치에 불렀다. 단아한 행동거지에 아름답고 말도 잘하는 덕녕궁주와 밤새 술을 마시며 놀아대니 저절로 추문이 일었다. 당시 청렴하고 곧기로 유명했던 문극겸이 이 점을 짚어서 상소문을 올리자 의종은 대로해서 상소문을 불태우고 그를 지방관으로 내쫓았다.

명종의 비였던 셋째 딸은 명종이 왕이 되기 전에 죽었다. 명종은 이후 왕비를 세우지 않는데, 초기에는 무신의 난에 의해서 왕위에 올랐던 터라 왕비를 맞기 어려웠던 모양이지만 그 후에 왕비를 맞지 않은 이유는 알 수가 없다. 더구나 명종은 엄청나게 여색을 밝히는 사람이었다고 하는데 말이다.

신종의 비였던 넷째 딸은 어땠을까?

최충헌이 명종을 폐위시키고 남편을 왕위에 올렸다. 아들에게 왕위를 물려줄 때까지는 괜찮았지만 아들 희종이 최충헌을 제거하려다 실패하여 강화도로 쫓겨나는 신세가 되었다. 넷째 딸 선정태후는 묵묵히 길쌈을 하며 어려운 시기를 버텨 나갔다. 희종은 최충헌에 의해 늘 목숨이 위태로운 상태였으니 왕태후라 하여 행복할 일은 없었을 것이다.

왕조 시대에 여성으로 가장 고귀한 자리에 오른 자매들이었지만 행복과는 거리가 먼 생활을 한 기구한 운명의 여인들이었다.

이들 왕온의 딸들은 지금 상식으로는 당연히 왕씨일 거라 생각하게 되지만 그렇지가 않다. 이들은 어머니 성을 따라 모두 김씨라 불린다. 고려 왕족들은 여자의 경우 모계 성을 따르는 풍습이 있었다.

단종 누나의 애통한 사정

"두 사람은 서로를 원망하지 않고,
현실에 슬퍼하지도 않았다."

경혜공주

공주의 남편, 왕의 사위를 '부마(駙馬)'라고 부른다. 중국 진나라(삼국지에 나오는, 삼국통일을 한 사마염이 세운 나라) 때 공주와 결혼한 사람에게 부마도위라는 벼슬을 내린 것에서 유래한 말이다. 부마는 임금의 수레를 모는 말을 관리하는 직책이었다. 왕의 사위가 왜 임금 수레를 모는 말을 관리했는지는 아리송한데, 이 말의 유래는 아무튼 이러한 것이다.

그런데 조선 시대 공식 명칭은 부마가 아니었다. 조선 시대 법전인 〈경국대전〉을 보면 왕의 사위를 '의빈(儀賓)'이라고 불렀다. 그러니까 의빈이 공식 호칭인 것이다. 의빈의 빈(賓)은 귀한 손님을 가리키는 말이다. 사위는 백년손님이라는 뜻과 통하는 이름이다.

공식 명칭이 의빈이 된 이유는 좀 서글프다. 부마는 원래 황제의 사위를 가리키는 말이므로 왕의 사위를 가리키는 말로 사용하면

195

안 된다고 해서 명칭이 바뀐 것이기 때문이다. 물론 공식적인 명칭이 그랬다는 것이고, 실제로는 부마라는 말이 더 많이 사용되었다.

부마가 되면 의빈부라는 관청이 만들어져서 지원을 하게 되고 부마는 '위(尉)'라 불리는 작위를 받게 된다. 이번에 이야기할 경혜공주의 남편인 정종(鄭悰, 1435~1461)은 영양위(寧陽尉)였다.

왕의 후궁이 낳은 딸인 옹주와 결혼해도 작위는 동일했는데, 세자빈의 딸인 군주와 혼인하면 부위, 세자 후궁의 딸인 현주와 결혼하면 첨위를 받았다. 같은 위라고 해도 부마는 종1품, 후궁의 딸과 결혼하면 종2품, 부위는 정3품, 첨위는 정4품의 품계를 받았다. 물론 세자의 딸과 결혼한 경우, 세자가 왕위에 오르면 작위와 품계도 바뀌었다.

〈경국대전〉이 만들어지기 전까지는 부마도 관직에 나갈 수 있었는데 그 후로는 부마는 과거를 볼 수 없고 따라서 과거를 통하는 관직에 오를 수가 없었다. 따라서 조선 시대에는 부마가 되는 것은 가문에는 영광이었지만 부마 자신에게는 달가운 일이 아니었다. 다만 과거 응시 금지는 부마 본인에게만 해당되어서 그 아들은 과거로 진출하면 왕실의 특별한 인연으로 승승장구할 수 있었다.

부마가 되는 것은 쉬운 일이 아니었다. 부마는 삼간택을 통해서 선택이 되었다. 세종 32년(1450년) 1월에 정종이 그 관문을 통과하여 세자의 딸 평창군주와 혼인을 했다. 그에게는 혼인에 앞서 순의대부(종2품)의 직위가 내려졌다. 두 사람은 열여섯 살 동갑이었다. 혼인을 한 다음 달에 세종이 승하하고 문종이 즉위했다. 문종은 부마가 된 정종을 숭덕대부(종1품)로 올렸다.

문종은 딸이 궁을 나가 허름한 집에 사는 것이 마음에 걸려 집을 새로 지으라 명을 내렸다. 문종의 딸 사랑을 아는 관리들이 일을 크게 벌렸다. 민가 30여 채를 헐고 새집을 짓고자 한 것이다. 이 때문에 사헌부에서 문제를 삼았다. 문종은 크게 역정을 냈다. 다시 조사해 보라고 하자 헐린 집은 다섯 채에 불과하다는 보고가 올라왔다.

문종은 자세히 알아보지도 않고 일을 처리한다고 화를 냈는데, 실은 30여 채가 헐린 것이 맞았다. 문종의 입맛에 맞게 보고가 들어갔을 뿐이었다. 문종은 양쪽 보고가 다르기 때문에 직접 눈으로 확인하려고 했으나 결국 가 보지 못하고 운명을 달리했다. 문종이 재위 2년 만에 승하하고 열두 살의 단종(1441~1457)이 즉위했다.

경혜공주는 단종의 하나뿐인 친혈육이었다. 문종은 여러 자식을 두었지만 모두 단명하고 두 남매 외에는 배다른 누나인 경숙옹주(1439~1482)가 있을 뿐이었다. 단종 입장에서는 열세 살인 경숙옹주를 보호막 삼을 수는 없었고, 그나마 열여덟 살인 누나 부부를 의지해야만 했다.

수양대군의 기세가 점점 더 무시무시해지자 정종은 단종을 자신의 집으로 모셨다. 일국의 왕이 궁궐을 나와 사가에 은신한 것이다. 수양대군이 김종서 등 원로 신하를 해친 뒤에 정종의 집으로 가서 단종에게 그 사실을 고했다. 이제 단종은 꼼짝없이 수양대군의 손아귀 안에 들어갔고, 결국 수양대군이 왕위에 오르게 되었다.

세조가 된 수양대군은 정종을 영월로 유배 보냈는데 경혜공주가 아팠기 때문에 곧 한양으로 돌아올 수 있었다. 하지만 두 달 만에 경혜공주 병이 다 나았는데 왜 한양에 있느냐는 상소로 인해 수원으로 유배되었다. 이때는 경혜공주도 정종을 따라갔다.

세조도 약간은 미안한 마음이 있었는지 경혜공주를 모시는 노비들의 양식을 대어 주라고 이야기했다. 하지만 이도 잠깐, 결국 전라도 광주로 유배를 보내면서 담장과 문을 높이 만들어 바깥출입을 못 하게 하라는 엄명을 내리게 되었다. 경혜공주는 남편을 홀로 외지에 둘 수 없었다. 천릿길을 가겠다고 나서자 세조는 가마를 이용해서 내려가는 것을 허락해 주었다.

5년간의 유배 생활 끝에 세조는 정종이 외부인과 접촉했다는 트집을 잡아 거열형에 처했다. 공주의 남편으로 부귀영화를 누렸어야 할 생이 사지가 찢어지는 최악의 형벌로 마쳐지고 말았다.

경혜공주는 정종이 광주에 유배될 즈음에 첫째 아들을 낳았다. 정종이 죽을 때는 둘째를 임신 중이었고 딸을 낳았다. 정종 가문의 재산은 모두 세조에게 빼앗겼고, 광주 유배 기간 동안 두 사람은 힘든 생활을 이어 나가야 했다. 하지만 경혜공주는 정종과 금슬이 좋았으며 두 사람은 서로를 원망하지 않고, 현실에 슬퍼하지도 않았다.

두 사람의 아들인 정미수는 연좌를 금지한 덕분에 살아남을 수 있었고, 세조의 뒤를 이은 예종 때는 종친으로 인정받고 성종 때 과거를 볼 수 있게 허락하여 벼슬에도 나갔다.

선조 때 윤근수가 쓴 〈월정만필〉에는 정종이 유배된 뒤에 경혜 공주가 순천의 관비가 되었다는 이야기가 적혀 있다. 이때 순천부 사 여자신이 관비로 일을 시키려 하자 경혜공주가 대청으로 올라 가 의자에 척 앉아서, "나는 왕의 딸이다. 내 비록 죄가 있어 정배되 었지만 어찌 수령 따위가 감히 관비의 일을 시키는가!"라고 호령 을 해서 부릴 수가 없었다고 전한다.

하지만 경혜공주는 관비가 된 적이 없다. 뒤에 만들어진 이야기 에 불과하다. 하지만 이 야사가 〈연려실기술〉에도 실리면서 마치 사실처럼 전해지게 되었다.

7일 왕비

"그 연유를 알고 난 뒤에 죽어도 늦지 않을 것입니다."

단경왕후

그녀는 열세 살의 꿈 많은 소녀였다. 그런데 갑작스레 왕자님께 시집을 가게 되었다. 이미 고모가 이 나라의 왕비 자리에 있었다. 고모도 열세 살에 시집을 갔다.

왕실과의 인연이 깊은 집안이었다. 할아버지도 왕실의 외손이었다. 할아버지는 과거에서 장원 급제하여 잘나갔다. 영의정에 부원군의 지위까지 올랐다. 아버지는 할아버지 덕분에 과거도 필요 없이 관직에 나갔다. 음서직이지만 승승장구하고 있었다. 왕비의 오빠였으니까.

왕이 황음무도한 것은 유명했지만 그의 동생들은 바르게 컸다고 했다. 왕과 어머니가 달랐던 탓인지도 모르지만. 어쨌든 왕과 그의 동생인 왕자는 함께 자랐다. 그 왕은 바로 조선 역사에서 엽색으로 가장 유명한 연산군. 동생인 왕자는 후일 중종이 되는 진성대군이다. 이때 그의 나이는 열네 살.

어린 부부 사이는 좋기만 했다. 그날이 올 때까지는.

연산군의 엽기적인 행각은 도를 넘어서고 있었고 신하들은 더이상 참지를 못했다. 왕의 처남이자 왕자의 장인인 신수근에게 연산군의 눈 밖에 나서 삭탈관직된 박원종이 찾아왔다. 무신 출신으로 강단이 있는 인물이었다.

"대감의 매부를 폐위하고, 대감의 사위를 세우는 것이 어떻겠습니까?"

매부는 연산군이고 사위는 진성대군이다. 신수근이 괴로운 표정을 지었다. 연산군의 정상이 아닌 행동은 물론 문제가 있었다. 하지만 세자가 총명하니 이 시기만 지나가면 될 문제라고 생각했다.

"금상이 피똥을 싸니, 오래 살지 못할 것이오."

신수근이 반정에 찬성하지 않는다는 것을 안 박원종은 미련 없이 자리를 떠났다. 그리고 결국 박원종과 성희안, 유순정 등이 주도한 반정의 막이 올랐다. 신수근은 척살 대상에 올랐고, 신속히 살해되었다.

이들은 열아홉 살의 진성대군을 모셔 오게 했다. 난리가 난 상태이니 진성대군의 집 또한 불안감에 휩싸여 있었다. 왕실에 대한 증오가 왕자의 집까지 밀어닥치지 말란 법이 없었다.

"큰일났습니다! 군사들이 집을 에워쌌습니다."

하인들이 놀라서 달려왔다. 진성대군은 큰일이 벌어진 것을 알고 칼을 꺼내 들었다.

"욕을 당하기 전에 깨끗이 자결을 할 것이다."

부인 신씨가 진성대군의 손을 잡았다.

"서두를 일이 아닙니다."

"때를 놓치면 후회할 일만 남을 것이오."

"아닙니다. 밖을 먼저 살피시지요."

"밖을?"

"말머리가 궁을 향해 있으면 우리를 잡으러 온 것이니 우리 부부가 죽지 않고 무엇을 기다리겠습니까? 하지만 말꼬리가 궁을 향해 있고 말머리가 밖을 향해 있으면 호위를 하기 위해서 온 것이니, 그 연유를 알고 난 뒤에 죽어도 늦지 않을 것입니다."

진성대군도 그 말에 깨달음을 얻어서 하인을 보내 밖을 살피게 했다. 과연 말꼬리가 궁 쪽을 향해 있었다.

그사이 박원종 등 반정 공신들은 진성대군의 어머니 정현왕후를 만나서 연산군 이후의 왕에 대해서 이야기하고 있었다. 진성대군을 추대하겠다는 말에 정현왕후는 거절의 뜻을 보였다.

"변변치 못한 어린 자식이 어찌 능히 중책을 감당하겠소? 세자는 나이가 장성하고 또 어지니, 왕위를 이을 수 있소이다."

하지만 그럴 수는 없는 노릇이었다. 결국 대비도 승낙하고 말았다. 신하들이 진성대군을 모시고 와서 왕위에 올렸다. 진성대군에서 중종으로 신분이 바뀐 것이다.

이후 정국은 눈코 뜰 새 없이 지나갔다. 왕비가 아버지의 참혹한 죽음을 슬퍼할 시간도 부족했다. 불과 일주일 만에 박원종과 반정 공신들이 왕비를 내쳐야 한다는 상소를 올렸다. 중종은 조강지처를 내쫓을 수 없다고 했으나 공신들은 말을 듣지 않았다. 이들은 이미 왕비의 일족을 도륙한 상태였으니 왕비가 원자를 낳아서 왕위를 잇는 일이 생긴다면 그 핏값을 갚아야 할 것이었다.

다행이라면 아직 두 사람 사이에 아이가 없으니 깔끔하게 내쫓기만 하면 될 문제였다. 왕비에게 어떤 죄도 없었는데 불구하고 그들은 종묘사직을 위해서 내쫓아야 한다고 강경하게 주장했다. 결국 추대로 왕이 된 중종은 신하들의 뜻을 따를 수밖에 없었다. 왕비를 내보낼 수밖에 없었다.

이후 두 사람은 그리워하며 평생 만나지 못했다.

명나라에서 사신을 보내오면 모화관에서 사신을 태울 말을 내보냈는데 신씨는 그 말에 직접 흰죽을 쑤어서 먹였다. 궁궐에 들어가는 말에 그렇게 그리움을 담았던 것이다.

인왕산 바위 위에 치마를 널어서 잊지 말아 달라고 했다는 치마바위의 전설도 이렇게 해서 생겨났다. 그 바위가 궁궐에서 바라보면 보였다는 그런 애달픈 이야기.

왕국의 왕비 자리가 비어 있을 수는 없었으니 왕비를 따로 정해야 했다. 정현왕후는 후보가 될 여자들을 대비전에 들여서 오랫동안 관찰한 후에 윤여필의 딸을 왕비로 낙점했다. 이렇게 왕비가 된 장경왕후는 몇 년 후 아들(인종)을 낳고 산욕열로 죽고 말았다. 그러자 신씨를 다시 왕비로 맞아야 한다는 논의가 올라왔다. 중종은 다시는 왕비 복위 문제를 거론치 못하게 강경하게 나갔다.

그게 과연 그의 본심이었을까?

반년 후, 〈고려사〉를 읽던 중종은 한 대목에서 깊은 한숨을 내쉬었다. 눈물이 어려 글도 제대로 읽지를 못했다. 바로 무신정권 때 무신이 태자비를 강제로 내쫓은 대목이었다.

중종은 57세 때 병석에 누웠다. 죽음이 임박한 것을 알자 아내 신씨가 너무나 그리웠다. 궐내에는 임종을 지키게 신씨가 몰래 들어왔다는 소문이 돌았다. 정말 신씨가 들어왔는지 아닌지는 알 수 없다. 하지만 중종이 그녀를 그리워한 것만은 사실이었다.

아무 죄도 없이 연좌에 걸려 사랑하는 사람을 떠나야만 했던 단경왕후 신씨는 영조 때에 신분이 회복되어 왕비의 자리를 되찾을 수 있었다.

5

사고처럼 사랑이 불현듯 오다

결혼, 필수 아닌 선택

"짝이 될 만한 남자가 드물어 홀로 살다."

고려의 여성들

고대에는 근친혼에 대한 저항이 적었다. 신라나 고려의 경우도 근친혼이 많았다. 왕실뿐만 아니라 권세 가문에서도 그러했다. 그러다 고려 중기에 오면 근친혼이 줄어들었다. 점점 권력을 가진 집안이 늘어나면서 권세가끼리 결혼하여 특권을 유지하는 것이 더 유리하다는 판단이 섰던 것이다.

고려 제11대 왕 문종은 4촌끼리 결혼하면 그 자식이 관리가 될 수 없게 했다. 제15대 왕 숙종은 그 범위를 6촌으로 늘렸다.

정실부인이 있는데 또 정실부인을 두는 중혼은 원칙적으로 금지되었다. 이 경우 왕실은 해당되지 않았다. 그러나 왕실이 아니면 새 정실부인을 맞이하기 위해서는 먼저 이혼을 해야 했다. 이혼한 여자나 남편을 잃은 여자의 경우 재혼을 하는 데는 아무런 법적, 도덕적 제약이 없었다.

고려 제6대 왕 성종의 후비인 문덕왕후 유씨는 광종의 딸이었다. 앞에서 이야기한 것처럼 고려 왕실은 딸의 경우 어머니의 성씨를 물려받게 해서 문덕왕후는 왕씨인 광종의 딸이지만 성으로 '왕'이 아닌 '유'를 사용했다.

그녀는 태조 왕건의 손자인 왕규에게 시집을 가서 딸도 낳았는데, 왕규가 죽은 뒤에 성종에게 재가를 했다. 그녀의 딸은 제7대 목종에게 시집을 가서 선정왕후가 되었다. 정말 고려 왕실의 족보는 복잡하기 이를 데가 없다.

고려 시대 여성들은 보통 15세부터 혼인했는데, 25세에도 혼인을 하는 등 특정 연령이 되면 꼭 결혼해야 한다는 압박이 적었던 것 같다. 남자 역시 20대에 보통 혼인했지만 30대에 하는 경우도 있었다.

독신으로 살았던 여성들도 있었다. 숙종의 셋째 왕자 왕효의 외손녀이자 왕재의 딸은 1141년 태어나 1183년 43세로 죽을 때까지 독신이었다. 그녀의 묘지명을 보면 다음과 같이 나온다.

아버지를 섬기며 효성을 다하였고, 집안에서 모실 때에도 공손하며 화목하여 아녀자의 덕이 어질고 밝았기 때문에 대원공이 더욱 사랑하여 아들처럼 여겨 후사를 전하고자 하였다. 세상에 짝이 될 만한 남자가 드물어 홀로 살았지만 태연자약하였으니, 그윽하고 아름다운 자질은 향기로운 봄꽃이 홀로 피어 있는 듯하고, 굳고 곧은 절개는 깨끗하여 더럽혀지지 않았다.[1]

그녀의 아름다운 자태를 묘지명에서는 이렇게 이야기한다.

눈 같은 피부와 꽃 같은 얼굴, 검은 머리와 아름다운 눈썹,
곱고 어여쁜 자태는 하늘이 내려준 모습이었네[2]

고려 제17대 왕 인종의 부마였던 왕영의 딸도 36세에 죽을 때까지 독신이었다. 그녀는 어렸을 때 어머니 승경궁주가 생을 다해 어머니 없이 자랐으나 아름다운 용모와 법도를 아는 훌륭한 처녀로 컸다. 하지만 불교에 깊이 빠져 결혼할 의사가 없었던 모양이다. 왕면이라는 남동생이 있어서 우애가 좋았는데, 누나가 먼저 죽자 동생이 묘지명을 적어 누나의 사연을 후세에 전하게 되었다.

묘지명을 보면 왕면은 누나가 언젠가는 결혼을 해서 조카를 보여 주리라 믿었던 것을 알 수 있는데, 30여 세가 넘어도 혼인을 했다는 증거가 되기도 하겠다.

혼인을 하면 남자가 여자 집에 와서 살았다. 남자 집으로 옮기는 기간은 일정하지 않았고, 무남독녀의 경우는 사위가 장인, 장모를 모시며 쭉 사는 경우도 많았다. 즉 고려 시대에는 시집살이는 의무가 아니었고 부부간의 형편에 따라 결정되었다. 제사 역시 형제자매가 모두 돌아가며 지냈는데, 당시 제사는 집에서 지내는 것이 아니라 절에 가서 제를 행하는 형태였다. 당연히 여성의 권리도 조선

1), 2) 묘지명 번역은 김용선, 〈역주 고려 묘지명집성〉(한림대학교출판부, 2012)에서 옮김.

시대보다 높아서 장성한 아들이 있는 경우에도 여성이 호주를 지내기도 했으며, 족보에도 남녀 순이 아니라 출생 순으로 기재했다.

반면에 남자가 여자 집에 의지하기 때문에 여자 집의 재력이 충분하지 못하면 혼인을 못 하는 경우도 있었다. 이런 이유로 혼인 못 한 딸을 비구니로 출가시키기도 하였다.

혼인 상대는 같은 계층의 사람들끼리 하는 것이 일반적이었다. 남자 노비가 양인 여자와 결혼하면 처벌을 받았다. 하지만 일부러 이런 결혼을 시키는 경우가 있었다. 부모 중 한쪽이 노비면 자식은 자동으로 노비가 되기 때문에 노비라는 재산을 늘리기 위해서였다. 이런 일이 발각되면 주인이 처벌을 받았다.

한양 도성 제일의 미모였지만

"남편이 있는 몸입니다. 이게 대체 무슨 말입니까?"

어리와 양녕대군

"한양 도성에 누가 미모로 제일인가?"

양녕대군은 악공 이오방을 만나 물었다.

"미모 제일이 이미 남의 첩으로 있습니다."

이오방이 웃으며 말했다.

"누구의 첩이란 말인가?"

"전 중추 곽선의 첩, 어리(於里)가 자색과 재예가 모두 뛰어납니다."

"뭣하고 있는 거야? 그럼 어서 데려오지 않고."

양녕대군의 나이는 스물넷. 피가 끓는 나이였다. 조선의 세자로 무소불위의 권력을 자랑하고 있었으니 정3품 벼슬아치쯤은 눈에 들어올 리가 없었다.

이오방은 곽선의 조카사위 권보를 통해 어리에게 접근했다. 권보의 첩이 어리에게 효령대군이 만나자고 한다고 전했다. 뒤탈이 나면 곤란하니까 양녕 대신 효령의 이름을 판 것이다. 하지만 어리는 단번에 거절했다.

"나는 몸에 병이 있고 얼굴도 예쁘지 않은데다가, 결정적으로 남편이 있는 몸입니다. 이게 대체 무슨 말입니까?"

어리가 쉽게 승낙하지 않는다고 하자 양녕은 더 몸이 달았다.

"선물을 보내면 넘어올 것입니다."

"뭘 보내면 좋을까?"

예나 지금이나 여자에게 보내는 선물은 가방이 인기인 듯하다. 양녕은 최고급 비단에 수를 놓은 주머니를 보냈는데, 어리는 이를 사양하고는 곽선의 양자인 이승의 집으로 도망쳐 버렸다. 그러나 이것이 오히려 화가 되었다.

양녕은 몰래 대궐 담을 넘어서 이승의 집으로 내달렸다. 이승은 힘껏 저항했으나 조선의 세자 앞에서 끝까지 버틸 수가 없었다. 어리가 결국 모습을 드러냈다. 어리는 세수도 하지 않고 머리에는 녹두 분이 묻은 채로 나왔지만 그 미색을 감출 길은 없었다.

양녕이 어리를 태울 말을 준비하라고 했지만 이승은 명을 따르지 않으려고 했다. 그러자 양녕은 그의 말에 어리를 태우고 본인은 걸어가겠다고 말했다. 이렇게 되자 어쩔 수 없이 이승이 말을 준비했다. 이런 소란이 벌어지는 바람에 온 동네 사람들이 다 나와서 이 모습을 바라보았다.

양녕은 부하의 집으로 가 자기 욕심을 채웠고, 어리는 더 이상 어떻게 할 도리가 없었다. 양녕은 하루 종일 그 집에서 나오지 않다가 저녁이 되어서야 어리를 데리고 궁으로 돌아왔다.

어리는 머리를 감고 연지와 분으로 단장을 하였는데, 저녁놀에 비치는 모습은 과연 절세가인이요, 경국지색이었다. 양녕은 그 아름다운 모습을 잊을 수가 없었다고 훗날 말한 바 있다.

궁으로 돌아온 양녕은 흡족한 마음에 이승에게는 활을 내리고 이승의 처에게도 비단을 보냈는데, 이승은 비단을 돌려보내고 태종에게 상소를 하고자 했다. 양녕이 분노해서 부하를 보내 협박을 했고, 이승은 두려워서 결국 상소를 올리지 못했다.

그러나 동네 사람들도 다 지켜본 여인 납치가 소문이 나지 않을 리가 없었다. 결국 양녕의 행각이 태종에게까지 들어갔다. 이 일에 끼어든 네 사람을 참수형에 처했고, 세자 양녕의 폐세자 결정을 논의하기 시작했다. 신하들이 극구 만류하여 폐세자까지는 이르지 않았다.

그러나 이런 일로 반성할 양녕이 아니었다. 측근이 참형에 처해졌으나 양녕은 여전히 미색을 찾아 헤맸다.

양녕의 심복들은 방유신이라는 사람의 손녀가 예쁘다고 고해바쳤다. 심복들에게 진짜 그러한지 보고 오라고 했는데, 방유신이 손녀를 감추고 보여 주질 않았다. 감질이 난 양녕은 저녁을 틈타 기습적으로 방유신의 집에 가서 손녀를 보자고 했다. 방유신이 한 번은 둘러대서 세자를 돌려보냈으나 양녕은 포기하지 않고 다시 한 번 불시에 가서 손녀의 얼굴을 확인했다. 하지만 어리만 하지 못했는지 그냥 돌아왔다.

심복들은 손녀와의 자리를 따로 만들어서 양녕을 모시려고 했다. 양녕은 두 손을 내저었다.

"안 가겠다. 다른 사람에게 시집가는 걸 허하노라."

그러나 심복들은 집요하게 양녕을 유혹했다. 그러자 양녕은 부하들에게 이불보를 챙겨 들게 하고는 방유신의 집으로 가서 결국 그의 손녀와 동침을 하고 새벽녘이 되어서야 환궁했다.

은밀히 벌어진 일이었지만 하필 이 무렵에 명나라에 공녀를 바쳐야 해서 처녀들을 징발했다. 처녀인지 확인하는 과정에서 양녕이 방유신의 손녀와 함께한 일이 발각되었다. 이번에도 이 일을 꾸민 심복의 목이 달아났다.

이런 난리통에 어리도 당연히 궁에서 내쫓겼는데, 세자의 장인 김한로가 어리에게 살 곳을 마련해 주었다. 양녕이 계속 어리를 만나고 싶어 하자 김한로는 어리를 계집종으로 꾸며서 궁으로 들여보냈다.

이런 끝에 어리가 임신하여 딸을 낳기에 이르렀다. 양녕은 그 딸을 몰래 궁에 들여보내 유모까지 붙여 주었다. 이런 일을 은밀히 해냈다고 생각했지만 태종의 망에 이미 다 걸린 상태였다. 차마 공개적으로 이 일을 이야기할 수 없어 태종은 심복인 조말생을 불러 은밀히 한탄하면서 망나니 자식 때문에 눈물을 흘렸다.

꼬리가 길면 밟힌다고 했다. 김한로의 엽기적인 행각 역시 결국 탄로가 났다. 양녕은 이 일이 충녕대군(세종대왕)이 일러바친 것이라고 역정을 냈다. 김한로는 아내가 한 일이라 모르는 일이라는 등 헛소리를 하다가 파직되고 말았다.

이때 태종은 개경에 머물고 있었는데, 양녕을 한양으로 돌아가라고 내쫓았다. 양녕은 한양으로 돌아가자마자 궁으로 가지 않고 김한로의 집으로 달려갔다. 측근들이 말렸으나 그는 듣지 않고 결국 어리를 만났다. 태종이 분개하여 힐책하자 양녕은 참지 못하고 "주상 전하께선 첩들을 줄줄이 거느리시면서 왜 나는 첩 하나를 못 가지게 하십니까?"라고 항의했다. 어이가 없어진 태종은 양녕의 상소문을 대신들에게 돌려 보이고 한탄을 했다.

이 일로 세자를 모시던 신하들은 모두 파직되었다. 그리고 이 상소는 폐세자 선언의 결정적 계기로 작용한다. 그렇게 양녕은 폐세자가 되어 경기도 광주 지방에 유배되었다. 이때 태종은 어리도 같이 살게 보내 주었다. 양녕을 모시는 하녀가 총 열다섯 명에 달하게 되자 법 집행에 엄격한 호송 신하가 두 명을 빼냈는데, 태종은 그러지 말라고 하며 모두 양녕에게 보내 주었다.

양녕의 호색함과 방종함은 이 지경에 이르러서도 고쳐지지 않았다.

그는 광주 고을의 기생 두 사람을 훔치는 일을 벌였다. 태종이 분노해서 그 기생 둘을 데려오게 했는데, 양녕은 그 지시를 받고도 유배처의 담을 넘어 달아나 버렸다. 양녕의 실종으로 나라가 발칵 뒤집혔는데, 정작 그는 또 다른 사람의 첩과 잠자리를 하고 있다가 발견되었다.

양녕이 집을 나가 버렸을 때, 양녕과 함께 와 있던 유모와 김한로의 첩은 이 모든 일이 어리 때문에 벌어진 일이라고 욕을 해 댔다. 어리 때문에 세자 자리에서 쫓겨났는데, 잘 모시지도 못해서 집을 나가 기녀를 찾게 만들었으니 죽어 마땅하다고 을러댄 것이다.

어리는 분하고 억울하여 더는 참을 수가 없었다. 양녕에게 정조를 빼앗긴 지 만 2년. 어리는 목을 매 자살했다. 태종은 어리의 죽음이 진실로 슬프고 민망하다는 말을 하며 이 일이 어리 때문에 일어난 것이 아니라는 것을 분명히 했지만, 그 말뿐이었다.

어리를 죽음으로 내몬 이들 중 처벌받은 사람은 없었다. 물론 양녕도 아무런 대가를 받지 않았다.

조선을 뒤흔든 양반 여인

"사내들은 감동을 위해서는 불법도 마다하지 않았다."

유감동

유감동은 검한성(檢漢城) 유귀수의 딸로, 양반 집안의 여인이었다. '검한성'은 지금 식으로 이야기하면 명예 서울시장이라고 할 수 있다.

그녀가 정을 통한 남자는 조선왕조실록에 나온 이름만 세어도 41명에 달한다. 한 집안의 고모부와 조카, 삼촌과 조카와도 정을 통했다. 좌의정 이귀령의 아들 이돈과도 관계가 있었고, 고려 말 홍건적을 몰아낸 명장 변안열의 손자 변상동과 이성계의 의형제 이지란의 손자 이효량도 끼어 있었다. 이효량은 감동의 전남편 최중기의 매부이기도 했다. 중인 계급이었을 기술자들도 상당수에 달한다. 그야말로 조선의 기강을 송두리째 뒤흔든 셈이었다.

그녀가 이렇게 남성 편력을 갖게 된 데에는 사실 아픈 사연이 있다.

남편 최중기가 무안군수(종4품)로 있을 때, 몸이 좋지 않아 피접을 가게 되었다. 아픈 환자가 다른 집에 가 몸조리를 하는 것을 피접이라고 부른다. 이때 김여달이라는 자가 순찰을 도는 척하면서 감동을 붙잡더니 협박하기 시작했다. 김여달은 인근 무뢰배 두목으로 무리를 이끌어 온 채 연약한 여자를 계속 협박하고 희롱하니 버틸 수가 없었고, 결국 감동은 겁탈당하고 말았다. 실록에는 밤새 협박과 희롱을 받았다고 나온다.

그런데도 감동은 이 일을 발설할 수가 없었다. 정조를 더럽힌 여자가 되느니 조용히 넘어가는 게 더 나았던 조선 시대였으니까. 문제는 김여달이 한 번으로 욕심을 거둘 인간이 아니었다는 데 있었다. 김여달은 최중기가 집에 없는 틈을 타 집 안으로 침입해서 감동을 또 겁탈하기에 이르렀다.

조선왕조실록을 보면, 감동은 병을 핑계로 서울로 와서 음란한 행실을 보여 최중기로부터 이혼을 당했다고 나온다. 그러다 후에는 최중기와 자고 있다가 소변을 본다고 나와서 김여달과 도망쳤다고 나와서 앞의 이야기와 달라졌다. 이 대목에서 조선왕조실록은 김여달이 감동을 거느리고 도망쳤다고 나오므로 이것이 감동의 뜻이었다고 보기는 어려울 것이다. 김여달은 이후에 감동을 데리고 기둥서방 노릇을 한 것이 아닐까?

감동이 기녀 노릇을 한다는 소식을 들은 최중기는 감동을 내쳐 버렸다. 감동은 돌이킬 수 없는 절망감에 빠졌다. 그때부터 본격적으로 남자들과 어울리기 시작했다.

우의정 정탁의 첩으로 있으면서 그의 조카 총제 정효문과도 관계했다. 정효문은 이 일이 들통나서 참수형을 선고받았다가 공신의 아들에 대사면 이전의 일이라는 이유로 면죄되었다. 대사면에 대해서는 뒤에 다시 설명하겠다.

사내들은 감동을 위해서는 불법도 마다하지 않았다. 전수생은 군자 주부의 자리에 있으면서 쌀을 빼돌려 감동에게 보내 주었다. 가짜 서류를 만들어서 도와주기도 했다. 해주 판관이었던 오안로는 그녀의 물건을 대신 팔아 주는 일도 했다. 이돈과 이승처럼 감동의 신분을 알고는 감동의 아버지 유귀수 집에도 찾아가는 뻔뻔한 인간들도 있었다.

그녀의 음란한 생활은 세종 9년 8월에 체포되면서 끝나게 되었는데, 그녀와 관계한 남자들의 처리가 큰 문제였다.

감동과 관계를 한 남자들의 처벌에서 두 가지 사항이 크게 고려되었다. 하나는 '대사면' 이전에 관계를 가졌는가 하는 점이고, 다른 하나는 감동의 정체를 알고 있었느냐 하는 것이었다. 세종은 대사면 이전에 벌어진 일은 따지지 말 것이고, 감동이 사족 여자인 줄 알면서 관계한 사람만 처벌하라고 했다.

그렇다면 대체 이 '대사면'이란 무엇인가?

세종 6년 7월 12일에 태종의 삼년상을 마친 것을 기념하는 대사면이 있었다. 이 대사면령으로 정상이 현저한 것을 제하고는 이미 발각되었거나 아직 발각되지 않았거나, 이미 판결되었거나 아직 판결되지 아니한 죄를 모두 다 용서하게 되었다. 즉, 뒤늦게 죄가 발견되어도 대사면 이전의 일이라면 죄를 묻지 않겠다는 것이었다. 이에 따라 감동이 사족 여자인 줄 알고 관계했다 해도 대사면 이전의 일이라면 죄를 묻지 않겠다고 한 것이다.

하지만 당시 법에 따르면, 관리가 창기의 집에 가서 하룻밤을 보내는 것도 불법이었으므로 사헌부는 강경한 처벌을 원했다. 여기에 더해서 사헌부는 감동 역시 사족의 여자로 남편을 버리고 도주하여 거짓 창기 생활을 했으니 교수형에 처해야 한다고 말했다.

그러나 대사면 이전에 벌어진 일이어서, 공신의 후손이어서 면죄되고 해서 실제로 처벌을 받은 사람은 많지 않았고, 그들 역시 잠시 시간이 지나자 관직에 나가는 사람도 있었다.

참수형까지 거론되었던 정효문은 의주목사를 거쳐 중추원부사의 자리에도 올랐다. 그의 주색을 밝히는 버릇은 사라지지 않았다. 문종의 배필이었던 휘빈 김씨의 폐빈 사건에 깊이 개입한 기생 하봉래도 그의 첩이었는데, 의금부에서 추국을 가했는데도 숨기고 내놓지 않아서 문제가 되기도 했었다. 이효량도 몇 달 만에 관직에 다시 올랐고, 주색을 즐기는 버릇 또한 못 버려 따지는 아내를 길거리에서 구타해서 구설수에 오르기도 했다. 나중에 수양대군의 찬탈에 가담해서 공신 자리에도 올랐다.

다행히 감동도 교수형에서 변방 노비로 가는 것으로 감형되었다가, 1년 후에 노비에서 풀어 주고 그곳에서 생활하게 해 주었다.

감동은 모진 형벌을 세 차례나 받으며 관계한 남자들을 모두 고해야 했다. 그 와중에도 감동은 자신에게 정말 잘해 준 사람들은 감춰 주려고 노력했다. 사헌부는 혐의가 있는 남자들을 고문하겠다고 주장했으나 세종이 허락하지 않았다. 하지만 사헌부는 조사를 거두지 않았고 결국 그 사람들이 감동과 관계했다는 것을 밝혀 냈다.

이 일의 사달을 일으킨 김여달은 원래 곤장 100대에 삼천리 변방에 유배되는 것이 형이었으나 곤장 80대로 감해졌다. 사헌부에서는 재차 김여달 때문에 감동이 타락한 것이니 더 큰 형벌을 주어야 하며 최소한 감동과 같은 형벌은 받아야 한다고 상소했으나 세종은 끝내 받아들이지 않았다. 멀쩡한 여자를 강간해서 기생 노릇을 하게 만들고 양반네 첩으로 전전하게 만든 그는 곤장 80대로 모든 죄를 털어 버렸다.

감동의 이야기는 1988년 이보희, 강신성일 주연의 '깜동'이라는 이름으로 영화화되었다. 유감동의 이름 감동을 '깜동'이라고 읽은 것이다. 이 영화 극본 작업에 〈소설 동의보감〉의 작가 이은성, 도올 김용옥 등이 참여하여 화제가 되기도 했다.

세자빈 폐출 사건

"나는 너를 매우 사랑하는데,
너는 그다지 나를 사랑하지 않는구나."

순빈봉씨

찬바람이 도는 10월 말. 세종은 심란한 얼굴로 신하들에게 세자빈 폐출을 알렸다. 신하들은 큰 소리를 내지 못하고 입만 달싹였다.

'또…?'

세자빈 폐출은 두 번째였다. 첫 번째 세자빈은 세자가 관심이 없다고 압승술이라는 요사한 술법을 써서 세자의 애정을 끌어내려 했다가 폐출되었었다.

그리하여 새로 맞이한 세자빈 순빈봉씨. 봉씨 가문은 원래 강화도 집안으로, 시조 전승도 내려오는 유력 가문이었다. 세자빈의 아버지 봉여는 현감의 지위에 지나지 않았지만 딸이 세자빈이 되면서 종부시소윤의 자리를 얻었고, 계속 지위가 올라 호조참판에 지돈녕부사(정2품)까지 되었다. 불과 몇 달 전에 죽어서 '공숙'이라는 시호까지 받았었다.

세종이 내린 교지에는 세자빈 폐출의 이유가 적혀 있었는데, 대강 이러했다.

- 투기가 심하다.
- 자식을 낳지 못했다.
- 궁궐 여종들에게 남자를 사모하는 노래를 부르게 했다.
- 시녀의 변소에서 벽 틈으로 외간 사람들을 훔쳐봤다.
- 내시들 주머니 등을 만드는 데 낭비하여, 세자의 생신에 예전 선물을 다시 바쳤다.
- 궁중의 물건과 음식을 몰래 자기 어머니에게 보냈다.

신하들의 고개가 돌아갔다. 물론 세자빈으로 좋은 행동은 아니다. 하지만 이런 정도로 세자빈을 폐출한다는 것은 별로 납득이 가지 않았다.

세종도 그런 생각이 들 것이라 여겼던 모양이었다. 교지에는 따로 이런 말까지 적혀 있었다.

지금 세자빈을 두 번이나 폐출하니 사람들의 눈과 귀가 놀랄 것이다. 그러나 맏며느리의 직책이 중하기 이를 데 없는데 이렇게 덕을 잃었으니 어찌 세자의 배필로 종묘의 제사를 받들고 한 나라 국모로 모범이 되겠는가. 이에 마지못해 대신과 의논하여 종묘에 고하고 인하지만 신하들의 논란은 수그러들지 않았다. 결국 세종은 열흘 후에 다시 교지를 내려 순빈의 잘못을 세세히 나열하기에 이르렀다. 그러나 사실 이 교지에도 순빈을 폐한 진짜 이유는 적지 않았다. 그것은 조선 시대에는 차마 대외적으로 발표할 수 없는 문제였던 것이다.

세종은 폐출을 결심했을 때, 영의정 황희와 고관 둘을 불러서 전후 사정을 다 말했다. 그 사정이란 이런 것이었다.

첫 번째 세자빈을 폐출하고 금방 새로 빈을 뽑았지만 세자와 세자빈 사이는 좋지 못했다. 세종이 늘 세자를 불러 부부 금슬이 좋아야 한다고 타일렀다. 부부의 밤일이 원만치 못하다는 것은 알고 있었지만 그렇다고 그 요령까지 알려 줄 수는 없는 노릇이었다. 하지만 혼인 후 1년 반이 지나도록 부부 사이는 영 회복되지가 않았다.

결국 세종은 후사가 걱정이 되어 세자에게 후궁을 들게 했다. 세 여인이 후궁으로 들어왔다. 후궁 중 권 승휘(세자궁의 내명부 품계)가 회임 소식을 전했다. 왕실은 기쁨에 찼지만 순빈만은 그럴 수 없었다.

자신에게는 자식이 없지만 후궁이 자식을 가졌다. 아들이라도 낳으면 어떻게 될 것인가? 가뜩이나 세자와도 사이가 좋지 못했으니.

"권 승휘가 아들을 낳으면 난 쫓겨날 거야."

순빈도 자신이 왜 세자가 마음에 들지 않는지 잘 몰랐을 수도 있다. 어느새 그녀는 답답한 심정을 술로 풀게 되었다. 늘 술을 준비해 두었고, 마시다가 울기도, 궁녀들을 때리기도 했다. 때로는 궁녀를 시켜 자신을 업게 하고 뜰을 산책하기도 했다. 궁중에서 술을 구하지 못하면 친정에서 술을 가져오게 했고, 안줏거리도 늘 방 안에 숨겨 두었다.

이럴수록 세자는 순빈을 멀리할 수밖에 없었다. 세자는 순빈이 무서웠다. 세종에게 말하기를, 이러했다.

"제가 순빈을 총애하면 순빈은 더욱 사나워져서 칼날도 가리지 못할 지경이 되어 옛날 한나라의 여후도 미치지 못할 것입니다."

여후는 한나라 고조의 아내로 절대 권력을 휘두른 여인이다.

세종과 소헌왕후는 걱정이 되어 오래 데리고 있던 궁녀 고미를 보내 세자궁의 일을 총괄하게 했다. 고미가 세자빈의 동태를 알려 준 것은 물론이다. 순빈의 횡포가 극을 달하는 것을 보고 세종이 걱정되어 순빈을 불러 타일렀다.

"세자빈이 되어 아들을 낳지 못했는데 지금 권 승휘가 회임하였으니 만일 아들을 낳는다면 나라의 경사가 아니겠는가. 이는 인지상정으로도 기뻐해야 할 일이다. 그런데 네가 원망을 한다니 참 괴이한 일이 아닐 수 없다."

하지만 이런 타이름도 순빈의 마음을 진정시킬 수는 없었다. 급기야 순빈은 엄청난 무리수를 두고 만다. 임신 발표를 해 버린 것이다.

일시에 관심을 끄는 데 성공했으나 세자빈을 그대로 내버려 두면 안 된다고 생각한 소헌왕후가 왕비전으로 들어오게 해 버렸다. 한 달간 근신 아닌 근신 생활을 하던 순빈은 결국 낙태했다는 거짓말을 하고 왕비전에서 빠져나왔다.

순빈이 왕비전에서 빠져나온 이유는 사랑하는 사람이 있었기 때문이기도 했다. 순빈은 궁녀 중에 소쌍이라는 아이를 사랑하고 있었다. 소쌍을 불러 늘 곁에 두고 잠시만 보이지 않아도 애를 태우며 원망했다. 한 번은 섭섭한 심정을 그대로 드러내고 말하기도 했다.

"나는 너를 매우 사랑하는데, 너는 그다지 나를 사랑하지 않는구나."

그도 그럴 것이 소쌍은 술주정이 심한 순빈보다 단지라는 궁녀를 좋아했다. 단지는 권 승휘의 궁녀여서 늘 볼 수 있는 처지가 아니었다. 순빈은 다른 궁녀를 시켜 소쌍을 감시하게 하고 단지를 못 만나게 했다.

동짓날이 되어 순빈은 벼르던 일을 시행했다. 다른 궁녀들을 방에서 다 물러나게 하고 소쌍만 들인 것이다.

"합방하자."

대뜸 순빈이 하는 말에 소쌍이 기겁을 했다.

"아니 되옵니다."

"시끄럽다! 빨리 벗지 못하겠느냐?"

한낱 궁녀가 어쩌겠는가? 결국 옷을 벗기 시적해서 홑적삼, 속 곳만 남았다. 순빈은 더 이상 못 참고 벌떡 일어나 소쌍의 옷을 모 두 벗기고 이불 속으로 밀어넣었다.

소쌍과 거사를 치르고 난 뒤 온갖 흔적이 남은 이불을 다른 이의 손에 맡길 수 없어서 직접 챙기게 되었다. 하지만 그런다고 소문이 안 날 수는 없는 일이었다. 대궐에는 눈이 많은 법이니.

세종이 순빈을 불러 진상을 다그치자 순빈은 모르는 일이라고 발뺌을 했다.

"소쌍이 단지와 사랑해서 밤에 같이 자고 낮에도 목을 맞대고 혀 를 넣어 서로 빨았습니다. 저는 결코 동침한 적이 없습니다."

세종이 혀를 찼다. 소쌍과 단지가 은밀히 서로 만났다면 그들이 어떻게 즐겼는지 순빈이 알 수 없는 것이 분명했다. 결국 자기 행 실을 자백한 셈이나 마찬가지였던 것이다.

세종은 이 이야기를 황희와 정승들에게 말하고 깊은 한숨을 내 쉬었다.

"다른 일이야 그렇다 치겠지만 소쌍의 일을 알고 나니 참으로 암 담하기 그지없구나. 참으로 어찌해야 할지 모르겠다."

황희가 말했다.

"폐출함이 마땅하옵니다."

"이런 일을 교지에 어떻게 적는단 말인가?"

"소쌍의 일은 매우 추잡한 것이므로 교지에 적지 않아야 하옵니다. 다른 죄목으로 충분할 것입니다."

모두 같은 말이었다.

그랬다. 동성애자가 전근대 시대에 받아들여질 수는 없었던 것이다.

결국 조선 시대에 이해받을 수 없는 사랑을 한 순빈은 궁에서 쫓겨나고 말았다. 앞서 말한 바와 같이 처음 교지의 죄목은 내막을 모르는 신하들에게 부족했기 때문에 세종은 다시 상세한 내용을 적은 교지를 내렸는데, 물론 여기서도 동성애 부분은 모두 없어졌다. 또한 순빈이 한 행동들을 다 세자에 대한 투기로 바꿔 놓는 술수까지 부렸다.

억압된 순빈의 성은 성격에도 영향을 미쳤고 괴팍한 행동으로 나타나고 말았던 것 같다. 폐출된 순빈봉씨가 이후 어떤 삶을 살았는지는 전해지지 않는다.

순빈봉씨에 대한 이야기 중에는 순빈이 집으로 돌아간 뒤에 아버지가 가문의 수치라고 '자살시키고' 자신도 자살했다고 적은 것도 있다. 하지만 순빈의 아버지는 순빈이 폐출되기 전에 죽었기 때문에 그런 이야기는 전혀 사실이 아니다.

조선 최대 자유분방 연애 스캔들

"사람이라면 누구라고 정욕이 없겠는가?"

어우동

어우동은 승문원(외교 문서 담당 기관)의 지승문원사(정2품) 박윤창의
딸이다. 본명은 '박구마'라고도 하는데 확실치는 않다. 조선왕조실
록에는 이름이 어을우동이라고도 나온다.

그녀는 지체 높고 재산도 많은 집안의 딸로 미색도 출중했다. 효
령대군의 손자 태강수 이동에게 시집을 갔다. 즉 왕실의 종친이었
다. 태강수 이동은 정실이 아닌 첩의 소생이었다.

어우동과 태강수의 사이는 처음에 괜찮았다. 둘 사이에는 '번좌'
라는 이름의 딸이 하나 있었다. 그런데 아이를 낳고 난 뒤에 태강
수는 '연경비'라는 기생에게 빠져들었다. 그러자 어우동이 눈엣가
시가 되어 버렸다. 태강수는 어우동의 흠을 잡아 내쫓아 버리고 말
았다.

그 흠이라는 것은 이러했다. 태강수가 은장이(은을 다루는 기술자)

를 불러와 은그릇을 만들게 했는데, 어우동이 그 은장이와 놀아났다는 주장이었다. 후일 이 사건은 간통으로 확대되었으나 사건 당시 조선왕조실록에는 '아내의 허물을 들추어 제멋대로 버려서 이별했다'고 나온다.

만일 어우동이 은장이와 정말 간통을 했다면 그것은 당연히 이혼 사유가 된다. 그러나 당시 국왕인 성종은 재결합을 명했다. 실록에는 어우동이 '계집종처럼 하고 나가서 은장이와 서로 이야기하며 마음속으로 가까이하려고 하였다'라고 나온다. 이 은장이가 미남이긴 했던 모양인데, 이 정도 허물을 가지고 이혼을 한다는 것은 안 되는 일이었던 것이다.

태강수 이동이 빠진 기생 연경비는 그를 만나기 15년 전에 이미 조선왕조실록에 이름을 올린 당대 최고의 명기였다. 연경비와 정을 통한 남자도 다섯 명이나 등장한다. 그녀가 다른 종친의 첩이 된 후에 벌어진 간통 사건이 주된 이야기다.

성종이 태강수에게 재결합을 명했으나 그는 어명을 따르지 않았다. 동시대 기록인 성현의 〈용재총화〉에서는 어우동이 은장이를 내실로 끌어들였다고 나오지만 그저 거리의 풍문을 기록했을 가능성이 높다. 정말 그런 일이 벌어졌다면 재결합하라는 명 같은 것은 결코 나올 수 없기 때문이다. 이것은 모든 일이 끝난 뒤에 어우동에게 뒤집어씌운 누명인 셈이다.

친정으로 돌아온 어우동이 실의에 빠져 있을 때, 여종이 그녀를 위로하며 말했다.

"사람이 얼마나 살기에 상심하고 탄식하기를 그처럼 하십니까? 오종련이란 이는 일찍이 사헌부의 도리(우두머리 아전)가 되었고, 용모도 아름답기가 태강수보다 월등히 나으며, 족계도 천하지 않으니, 배필을 삼을 만합니다. 주인께서 만약 생각이 있으시면, 마땅히 주인을 위해서 불러오겠습니다."

여종의 말은 어우동에게 새로운 길을 열어 주었다.

한번 사는 인생, 적막하게 이렇게 보낼 필요 있겠는가. 남편은 기생과 바람이 난 주제에 아내를 소박 놓았다. 나라고 애인을 만나지 말라는 법이 어디 있으랴.

어우동은 여종의 주선으로 오종련을 만나 정을 통하기에 이르렀다. 그녀는 그 후 적극적인 연애 생활로 들어간다. 이름도 현비라고 고치고 기생인 척 굴기도 했다. 기생이라면 별걱정 없이 남자들이 다가오기 때문에 그런 행세를 한 것 같기도 하다.

어우동의 애인 중에 가장 애정이 깊었던 이는 종친 방산수 이난으로 보인다.

방산수는 꽤 유명한 인물이었던 모양으로, 어우동은 방산수를 만나러 일부러 그의 집으로 찾아갔다. 눈에 확 띄는 옷차림을 하고 있었던 것인지 방산수는 대번에 어우동에 빠져들어 운우지정을 나누게 되었다. 방산수는 어우동에게 청해서 자신의 이름을 그녀의 팔에 문신으로 새겨 넣기도 했다.

그러던 어느 봄날, 방산수가 어우동의 집을 찾았다. 꽃놀이를 간 그녀는 오지 않고 벽에는 소매 붉은 적삼만 걸려 있었다. 방산수는 시를 한 수 적었다.

물시계는 또옥또옥 밤기운 맑은데
흰구름 높은 달빛이 분명하도다
한가로운 방은 조용한데 향기가 남아 있어
이렇듯 꿈속의 정을 그리겠구나

어우동도 시를 잘 지었다고 한다. 그녀의 시 하나가 오늘날까지 전해져 오고 있다.

백마대 빈 지 몇 해가 지났는가
낙화암 선 채로 많은 세월 흘러갔네
청산이 일찍이 침묵하지 않았다면
천고의 흥망을 물어서 알 수 있을 텐데

방산수의 정은 깊었지만 어우동은 이미 남자의 정을 믿지 않았던 것 같다.

단옷날에 화장을 하고 그네를 뛰며 놀았는데, 이 모습을 본 종친 수산수 이기가 반해 버렸다. 수산수는 어우동의 여종을 불러 물었다.

"어느 댁 여인인가?"

여종은 거짓말을 했다.

"내금위의 첩입니다."

내금위는 왕의 호위부대로 양반 자제들이 주로 많이 근무했다. 여종이 내금위의 첩이라고 한 것은 어우동이 내금위의 구전이라는 남자와 어울렸기 때문일 수도 있다. 구전은 어우동의 옆집에 살았는데, 어느 날 어우동이 마당에 나와 있는 것을 보고 음심이 동해 뛰쳐들어가 통정했다고 한다.

수산수는 종친이니까 내금위의 첩 정도와는 그래도 된다고 생각했는지 어우동을 불러다 야합하였다. 얼마나 행사가 급했는지, 남양군의 서울 사무소를 빌려서 일을 치를 정도였다.

왕실의 건강을 책임지는 전의감의 생도 박강창은 종을 파는 문제로 어우동의 집에 갔다가 그녀의 유혹에 넘어갔다. 어우동은 이 박강창을 가장 사랑했다고 실록은 적고 있다. 어우동은 박강창의 이름도 팔뚝에 문신했다.

이쯤 되자 이제 어우동이 남자를 밝힌다는 소문이 사방에 넘쳐흐르게 되었다. 이근지라는 사람은 방산수의 심부름을 왔다고 거짓말을 하고는 어우동을 만났다. 자신의 외모에 큰 자신감이 있었던 모양이다.

3월 식년, 문과 시험에서 합격한 홍찬이 유가(과거 급제자가 하는 행진)를 하다가 방난수의 집에서 행렬을 구경하던 어우동과 눈이 마주쳤다. 이후 홍찬은 어우동을 마음에 품게 되었다. 어우동 역시 문무겸전의 인재인 홍찬이 마음에 들었던 들었던 듯하다.

홍찬은 활을 잘 쏘는 것으로도 이름을 날리고 있었다. 이런 홍찬을 붙잡을 기회를 엿보던 어우동은 길거리에서 그를 만나자 소매를 흔들어 얼굴을 스치게 했다. 홍찬은 그대로 어우동에게 빨려들어 그녀의 집으로 들어가게 되었다.

어우동의 사건을 직접 목도했던 성현은 훗날 〈용재총화〉에 어우동의 일대기를 실었다. 이 무렵 어우동에 대한 풍문도 함께 적어 놓았다.

> 어우동의 계집종도 역시 예뻐서 매양 저녁이면 옷을 단장하고 거리에 나가서, 미소년을 이끌어 들여 주인의 방에 들여 주고, 저는 또 다른 소년을 끌어들여 함께 정을 통하기를 날마다 하였다. 꽃피고 달 밝은 저녁엔 정욕을 이기지 못해 둘이서 도성 안을 돌아다니다가 사람에게 끌리게 되면, 제 집에서는 어디 갔는지도 몰랐으며 새벽이 되어야 돌아왔다. 길가에 집을 얻어서 오가는 사람을 점찍었는데, 계집종이 말하기를, "누구는 나이가 젊고 누구는 코가 커서 주인께 바칠 만합니다" 하면 어우동은 또 말하기를, "누구는 내가 맡고 누구는 네게 주리라" 하며 실없는 말로 희롱하여 지껄이지 않는 날이 없었다.

이승언이라는 한 생원이 있었다. 생원은 과거 급제자로 성균관에 입학할 자격을 가진다. 성균관에서 공부한 뒤에 대과를 봐서 통과하면 관리가 된다. 생원은 경전을 가지고 시험을 치고, 진사는 문장을 짓는 것으로 시험을 친다.

이 생원은 어우동이 지나가는 것을 보고 첫눈에 반해 버렸다. 차림새를 보니 여염집 여자는 아니고 기생일 듯싶었다. 어우동을 뒤따라가던 여종을 붙들고 지레짐작으로 정체를 물어보았다.

"지방에서 뽑아 올린 새 기생이냐?"

그러자 맹랑한 여종이 냉큼 그렇다고 대답했다. 이 생원은 어우동을 따라서 그녀의 집으로 들어가더니 방 안까지 내쳐 들어갔다. 마침 방 안에 비파가 있는 것을 보더니 집어 들고 연주를 했다. 제법 솜씨가 있었던 모양으로 연주를 마치자 어우동이 이름을 물었다.

"이 생원일세."

어우동이 깔깔거리며 웃었다.

"장안에 이 생원이 몇인데 그렇게 말하면 알겠소?"

이 생원이 정색을 하고 말했다.

"이 몸은 춘양군의 사위인데 뉘가 날 모르겠는가?"

춘양군은 세종의 둘째 형인 효령대군의 손자이다. 어우동의 전남편인 태강수 이동도 효령대군의 손자였다. 즉 이 생원은 항렬상 어우동의 자식뻘이 된다. 하지만 어우동은 거칠 것이 없었다. 이 생원과 그날로 합방을 했다.

어우동은 남자의 신분도 가리지 않았다. 처음 관계를 가졌던 남자도 아전이었다. 또 한 명의 아전이 있다. 감의향이 그 주인공이다.

감의향도 이생원이나 마찬가지로 길에서 어우동을 만나 농지거리를 하며 따라붙었다. 어우동도 그가 싫지 않았는지 결국 동침하기에 이르렀는데, 그를 깊이 사랑해서 그의 이름도 문신으로 남기게 되었다. 양팔에 방산수 이난과 전의감 생도 박강창의 이름을 새긴 어우동은 감의향의 이름을 등에다 새겨 넣었다. 이 세 사람은 몸에 문신을 남길 정도로 사랑했던 것이다.

어우동의 자유연애는 4년간 계속되었다. 그러나 종친들과 자유분방하게 사귄 것이 유교 질서의 조선에서 용납될 수는 없었다.

방산수 이난이 계속 어우동의 집에 들락거리는 것이 결국 문제가 되었고, 의금부에서 방산수를 체포하기에 이르렀다.

성종 11년 6월 13일, 방산수가 잡혀들어갔다. 그의 죄목은 '태강수가 버린 아내'와 간통했다는 것이었다. 이때 어우동에게는 뜻밖의 재난이 발생했다.

방산수가 잡혀가서 불안해진 어우동이 새벽에 집을 나가려 했을 때, 옆집의 노비 지거비가 앞을 가로막고 나섰던 것이다.

"부인께선 어찌하여 밤을 틈타 나가시오? 내가 장차 크게 떠들어서 이웃 마을이 모두 알게 하면, 큰 옥사가 일어날 것이오."

지거비의 입을 막기 위한 방법은 하나뿐이었다. 어우동이 만난 남자 중에 자기의 뜻이 아닌 관계는 지거비가 유일하다.

옥에 있던 방산수는 어우동에게 은밀히 전갈을 보냈다.

예전에 감동이 많은 간부로 인하여 중죄를 받지 아니하였으니, 너도 사통한 바를 숨김없이 많이 끌어대면, 중죄를 면할 수 있을 것이라.

감동. 앞에서도 다루었던, 바로 세종 때 숱한 남자들과 관계를 가졌던 유감동을 가리키는 것이다. 유감동은 수많은 사대부와 관계를 가졌으나 유배형에 그쳤다.

지거비를 녹여 놓고 어우동은 달아났다. 조정에서는 그녀를 추포하라는 명이 떨어졌다. 방산수는 어우동에게 관계한 사람을 많이 부르라고 했고, 그 스스로도 여러 사람을 불었다. 수산수 이기는 이미 소문이 있었으니 바로 체포당했다.

그런데 이러면서 이들의 죄명이 바뀐다. 처음 방산수를 잡았을 때는 '태강수가 버린 아내'와 간통했다는 죄명이었는데, 이것이 태강수의 아내였을 때 간통한 것으로 변해서 죄가 커져 버렸다. 곤장 100대에 유배를 받아야 할 형이었는데 곤장은 돈으로 때우고 유배만 가게 되었다.

방산수는 어유소(이조판서)·노공필(대사헌)·김세적(부호군)의 고위 관리와 김칭·김휘·정숙지의 하급 관리가 어우동과 관계했다고 자백했고, 어유소와 김휘의 경우는 자세한 정황까지 설명했다. 하지만 성종은 방산수가 죄를 면하려고 대신들을 끌어댄 것이라고 해서 어유소 등은 바로 석방하고 김칭 등도 한 차례 심문을 한 뒤에 풀어 주었다.

어유소는 어우동의 옆집에 피접을 와 있다가 어우동과 통정하였고 옥가락지도 신물로 주었다고 하여 물증도 있었던 것이지만 성종은 끝까지 어유소를 비호하고 심문도 하지 못하게 했다. 특히 방산수가 감동을 예로 들어 일을 꾸민 정황이 드러나는 바람에 더더욱 이 문제는 파헤치지 않는 것으로 굳어졌다.

달아났던 어우동이 잡혀 오면서 사건은 일사천리로 진행되었다. 그녀는 태강수의 아내라는 신분에서 다시 태강수가 버린 아내의 신분으로 돌아갔다. 의금부는 어우동의 형이 곤장 100대와 유배형에 달한다고 말했다. 이때 79세의 영의정 정창손은 사형에 처해야 한다고 강력하게 주장했다.

그의 난데없는 사형 주장에 조정의 논의는 둘로 갈라졌다. 법에 따라 곤장과 유배로 결정해야 한다는 원칙론자와 이런 음녀는 사형에 처해야 한다는 유교 원리주의자의 발언이 팽팽하게 맞섰다. 후일 어우동의 연애 행각을 세세히 기록한 성현은 법에 따른 처벌을 해야 한다는 입장이었다.

성종은 사형 쪽 손을 들어주었다. 판결이 9월 2일에 있었고, 집행은 10월 18일에 있었다. 이혼한 여인의 자유연애가 죽음으로 이어질 수도 있는 곳이 조선이었다. 어우동이 처형장으로 끌려갈 때 계집종이 달려와 수레에 오르더니 어우동의 허리를 끌어안고 말했다.

"주인께서는 정신을 잃지 마세요. 이런 일이 없었더라도 어찌 다시 이 일보다 더 큰일이 일어나지 않으리란 법이 있겠습니까?"

충실한 종은 어우동을 위로하고 싶었겠지만 사형보다 더 큰일이 어디 있겠는가. 이 말을 들은 사람들은 긴박한 상황에서도 웃고들 말았다. 어우동의 처형은 과한 것이라 여겨져 눈물을 흘리는 사람들도 있었다고 한다.

어우동의 처벌에 대해 과연 왜 사형까지 받았는가 하는 점이 의문으로 남았다. 그러다 보니 성종이 어우동과 통정한 건 아닌가 하는 야사도 있긴 하지만, 이는 과한 추측이라고 생각한다.

그보다는 방산수가 낸 꾀가 문제였던 것 같다. 그는 거물을 끌어들이면 형이 낮아지리라 생각했으나, 일이 그렇게 돌아가지 않았다. 고위급 관리와의 연관을 푸는 제일 좋은 방법은 그 원인을 제거해 버리는 것이었다.

방산수는 사랑하는 어우동을 구해 주고자 꾀를 냈지만 그 꾀가 지나쳐 오히려 어우동을 해치는 결과를 빚고 말았다.

어우동은 자유분방한 연애를 즐겼다. 남편이 기생과 바람이 나서 자신을 트집 잡아 내쳤으니 지켜야 할 의리 같은 것은 없었다. 그랬으니 종친이라고 해서 거리낄 것도 없었다.

어우동의 어머니 정씨도 딸의 행동을 비호하며 이렇게 말한 바 있었다.

"사람이라면 누구라고 정욕이 없겠는가? 내 딸이 남자에게 홀리는 바가 특히 심할 뿐이다."

누구에게나 있는 정욕, 하지만 조선 시대 여성이라면 참아야 하는 그 정욕을 넘어섰다는 이유로 어우동은 목숨을 잃어야 했다.

그의, 혹은 그녀의 비밀

"대체 사방지가 어떻기에 이렇게 소란을 피운 것이냐?"

사방지

사방지는 종으로 태어났다. 사방지의 어머니는 남자인 사방지에게 여자 옷을 입혀서 길렀다. 사방지는 여성 성기와 남성 성기를 모두 갖춘 아이였다. 어렸을 때는 남성 성기가 잘 보이지 않아서 여자아이인 줄 알았을 것이다. 바느질도 가르치고 연지와 분으로 화장하는 법도 가르쳤다. 사방지는 웬일인지 수염도 나지 않았다.

사방지에게는 고모가 있었는데, 그 고모는 내시의 아내였다. 내시들은 물론 고자였지만 아내를 두는 경우가 있었고, 양자를 들여서 대를 이어 나가기도 했다. 당연히 내시의 아내들은 남편을 두고도 독수공방하는 처지였다.

사방지의 고모는 계집아이인 줄 알았던 사방지가 사실은 남자이기도 하다는 것을 알았다. 사방지에게 남녀의 환락에 대해서 처음 알려 준 것이 이 고모였다.

사방지의 집 근처에 비구니 중비와 지원, 소녀 셋이 살았는데, 중비가 사방지와 눈이 맞았다. 사방지는 비구니인 척 변장을 하고 그 집을 들락거리며 중비와 운우의 정을 나누었다. 사방지는 바느질 솜씨가 뛰어나 옷을 직접 만들어서 변장을 했다. 하지만 중비는 행여 임신이라도 할까 봐 걱정하며 사방지를 쉽게 받아들이지 않았다. 사방지가 달래며 말했다.

"내가 내시 김연의 아내와 같이 잔 지가 몇 년인데, 아기가 생긴 적이 없다. 나는 아기를 못 만드는 모양이니 걱정할 게 없다."

사방지는 지원, 소녀와도 같이 잤다고 전해지는데, 사실인지는 알 수 없다. 이런 일에는 과장된 소문이 따라다니게 마련이다.

중비의 옆집에 젊은 과부가 한 명 살고 있었다. 김구석의 아내인데, 그 아버지는 세종 때 유명한 천문학자인 이순지였다. 김구석도 만만치 않은 집안 출신이었다. 김구석의 아버지 김치는 태종의 장인 민제의 손녀사위였다. 외아들이었던 남편이 일찍 죽었지만 다행히 대를 이을 아들을 낳았기 때문에 과부였지만 기세가 대단한 여인이었다. 일대에 소문난 부자이기도 했다.

이 댁 마님께서 중비로부터 여자처럼 보이지만 남자인 사방지 이야기를 듣게 되었다. 바로 몸이 달아오른 과부는 사방지를 자기집 노비로 사들였다. 여장을 시켜서 여자 노비들 사이에 두어서 의심을 사지 않게 했다.

마님은 금방 사방지와 사랑에 빠졌다. 사방지도 마님이 좋았다. 두 사람은 늘 붙어 다니며 밥도 같이 먹고, 이부자리도 같이 쓰고,

옷도 소위 '깔 맞춤'으로 같이 만들어 입었다. 당연히 바느질 솜씨가 좋은 사방지가 최고급 비단을 써서 화려하기 이를 데 없는 옷을 만들었다. 마님과 노비 사이였지만 이미 주인은 사방지고 마님은 사방지의 수발을 드는 걸 기꺼워하는 사이로 발전했다.

졸지에 버림받은 꼴이 된 중비는 분함을 참지 못하고 환속했다. 그리고 사방지에게 매달리기도 했겠지만 사방지는 이미 중비가 안중에도 없었다.

세월이 흘러 마님의 아들 김유악도 세상 물정을 알게 된 나이가 되었다. 사방지가 무슨 짓을 하고 있는지도 알았다. 김유악은 사방지와 헤어질 것을 눈물을 흘리며 간청했지만 어머니는 불같이 화를 내며 오히려 아들을 내치고 말았다.

그런데 이 영원할 것 같은 사랑도 끝내 해피엔드는 아니었다. 사헌부에서 들이닥쳐 집안의 노비들을 죄 잡아가서 취조하기 시작한 것이다. 사방지가 발단이었다. 중비가 결국 소문을 내서 사헌부가 조사에 나서게 된 것이었다.

하지만 무슨 죄목을 걸어야 할지가 애매했다. 사방지가 온전히 여자가 아닌데 여장을 하고 다녔으니 수상쩍기는 했다. 심증은 있지만 간통의 현장을 잡은 것이 아니니 죄목을 걸 수가 없었던 것이다. 더구나 그 대상이 보통 가문이 아니었다. 이때 그 집 아들 김유악도 이미 결혼을 한 뒤였는데, 김유악의 장인은 무려 영상대감 정인지였던 것이다.

결국 일단 잡아 놓고 주상인 세조에게 그 사실을 고했다. 주상 그는 코웃음을 쳤다.

"간통 현장을 잡은 것도 아닌데, 그저 이상한 놈 하나 있다고 재상의 집을 뒤집어 놓았단 말이냐? 위에 아뢰지도 않고 자기들 마음대로 일을 처리한 사헌부 관리를 파직하라!"

세조는 사방지 문제를 가지고 오락가락하는 태도를 보인다. 잡아서 국문을 가하라고 했다가 바로 풀어 주라고 하는 등 일관성 없는 자세를 보였다. 결론적으로는 자기가 총애하는 신하는 건드리지 말라는 것이 세조의 입장이었다. 일이 이렇게 흘러간 데에는 분명 마님의 엄청난 로비가 있었던 것이 틀림없다.

서거정은 중국에도 이런 사람이 있어서 사형시켰더니 사람들이 통쾌하게 여겼다는 이야기를 하여 사방지를 처벌해야 한다고 돌려서 말하기도 했다. 세조는 껄껄 웃은 뒤에 "경은 부디 억지로 무슨 일을 밝히려고 하지 말라"라고 일축해 버리기도 했다.

이 일의 발단이 되었던 중비도 붙잡혀 왔다.

"대체 사방지가 어떻기에 이렇게 소란을 피운 것이냐?"

"그게……."

머뭇거리던 중비가 결국 고해바쳤다.

"양물이 거대하옵니다."

"어허……."

난감해하던 관리들은 여의 반덕을 불러 직접 만져 보게 하였다. 반덕이 입을 딱 벌렸다.

"매우 장대하옵니다."

정인지의 아들이자 세조의 사위이고 김유악의 처남인 정현조가 그곳에 있다가 궁금증을 참지 못하고 직접 들여다보고 말았다. 정현조도 혀를 내두르며 감탄했다.

"어찌 이렇게 클 수가 있단 말이냐!"

이 말을 전해 들은 세조도 배를 잡고 웃었다. 하지만 그것이 크다고 죄가 되는 것은 아니지만 이처럼 조정을 들쑤셨으니 그냥 넘어갈 수도 없었다.

결국 세조는 집안을 잘못 다스린 이순지를 파직하라고 명을 내렸다. 그런데 이 사달의 원인인 사방지의 처분이 또 의외였다. 사방지를 이순지의 집으로 보내라고 한 것이다. 아무런 처벌도 주지 않았다.

"종 문제니까 이순지가 알아서 처리할 것이다."

세조가 점잔을 빼면서 이렇게 말했지만 사람들은 이순지가 원래 물러터진 양반이라 별일 안 할 것이 뻔하다는 것을 알고 있었다. 역시 이순지는 사방지에게 형식적인 매질을 하고는 경기도에 있는 시골집으로 보내 버리는 것으로 일을 마무리했다. 세조는 파직 열흘 만에 이순지를 다시 불러들였다.

그러자 자존심 상한 사헌부가 가만히 있을 수 없었다. 연일 사방지를 잡아들여야 한다고 상소를 올렸다. 세조는 이번에는 그 전해에 내린 사면령을 들먹이며 조사할 수 없다고 버텼다. 조선 왕조의 사면령은 드러나지 않았던 범죄 행위까지도 사면하기 때문에 나중에 조사해서 범행이 밝혀진다 해도 처벌할 수 없게 되어 있다.

마님은 사방지를 잊을 수가 없었다. 온천 목욕을 간다고 집을 나가서는 사방지가 있는 시골집으로 향했다. 3년이 지나 이순지가 죽자 마님은 바로 사방지를 집으로 돌아오게 했다.

사헌부가 다시 칼을 뽑아 들었다. 이제 마님의 방호벽이었던 이순지는 죽고 없었으니까. 세조도 결국 두 손을 들고 사방지를 충청도 신창현(지금의 아산시)의 노비로 보내게 했다. 남의 집 사노비를 공노비로 만든 것이라 하여 대신 다른 노비를 하나 그 집에 내려주었다. 즉 벌을 준 것이 아니라는 이야기다.

마님과 사방지는 더 이상 만나지 못한 것 같다. 세조는 사방지가 해꼬지를 당하거나 하지 않도록 고을 수령에게 잘 보살피라고까지 명을 내렸다.

세상에는 사방지가 아니라 서방의 적이라고 '서방적'이라고 부른다는 이야기까지 전해졌는데, 사방지가 마님과 만나는 동안 다른 바람을 폈다는 것은 있을 수 없는 일이어서 그저 이런 일에 따라붙은 악담인 것 같다.

어머니에게 내쳐졌던 아들 김유악은 평생의 한이 되었던 것 같다. 양반 가문의 추문을 들으면 김유악은 심한 욕설을 내뱉곤 했다. 사람들은 자기 모친도 추문이 있는 주제에 함부로 말한다고 뒤에서 수군댔지만 김유악은 아랑곳하지 않았다.

연산군이 딸의 남편을 찾을 때 김유악의 아들은 빼라고 콕 집어 이야기를 했었다. 김유악 어머니의 추문 때문이었다. 하지만 연산군의 사위가 되었다면 그 뒤에 무슨 일이 생겼겠는가? 어쩌면 그 어머니의 사랑 때문에 집안이 살아남은 것일지도 모른다.

조선 천재의 플라토닉 러브

"내가 너를 품지 않으니 그것이 서운치는 않더냐?"

유지와 이이

율곡 이이는 우리나라 사람이면 다 아는 위인이라 하겠다. 5,000 원권 지폐의 주인공이며 50,000원권 지폐의 주인공인 신사임당의 아들이다.

과거 시험에서 아홉 번을 장원(1등)해서 구도장원공으로 유명하다. 과거는 한 번만 보는 것으로 알 수도 있는데, 생원시, 진사시라고 해서 1차 시험이 있고 이 시험을 통과하면 성균관 입학 자격이 생기게 된다. 그 후에 성균관에서 초시-복시-전시의 단계를 거쳐서 최종 33인을 선발하는 것이 과거 제도다. 이이는 생원시, 진사시를 모두 쳤고 다 장원으로 통과했다.

중간에 어머니 신사임당의 삼년상을 치르는 등의 사연이 있어서 관직에 나갔을 때는 29세였다. 호조좌랑, 예조좌랑, 이조좌랑 등 요직을 거치며 승진을 거듭하고 이조판서의 지위까지 올라갔다.

하지만 조선을 개혁하려는 그의 분골쇄신은 당쟁에 번번이 가로막혀 원하는 바를 얻지는 못하고 건강만 해치고 말았다.

이이는 과로로 몸이 많이 상한 데다가 당쟁에도 지쳐서 46세가 되던 해에 관직에서 물러났다. 그는 그해 가을에 큰누나를 만나기 위해 황주에 왔다. 큰누나 이매창(유명한 기생 이매창과는 동명이인)은 작은 신사임당이라 불릴 정도로 그림을 잘 그리고 시도 잘 썼다.

이이가 큰누나 집에 들어서자 아리따운 여인 하나가 쪼르르 달려와 인사를 했다.

"나리, 오셨습니까?"

황주 기생, 유지였다. 이이의 얼굴에도 미소가 번졌다.

유지는 양반 집안의 아이였는데 무슨 사연이 있었는지 어려서 기생이 되었다. 이이가 황해도 관찰사로 있을 때 유지가 수발을 들었다. 똑똑하고 예쁜 터라 이이도 많이 귀여워했는데, 이후 그를 잊지 않고 이이가 관청을 지나가는 일만 생기면 달려와 술상을 봐주곤 했던 것이다.

이이는 1574년 9월부터 다음 해 3월까지 6개월여를 관찰사로 있었다. 조선의 최고 천재를 옆에서 모시게 된 유지가 이이를 흠모하게 된 것은 당연한 일일 것이다. 더구나 이이도 그녀를 귀여워하고 예뻐했으나 욕정에 넘치는 일은 전혀 하지 않았다. 이이는 30대 후반이었으니 20여 년 이상 나이 차이가 나기도 했다. 유지는 자신이 어려서 그런 것이라 생각했다. 하지만 그녀가 성장한 이후에도 이이는 함께 술잔을 나누기는 해도 잠자리를 같이하지는 않았다.

이이의 몸이 많이 안 좋은 것을 본 유지는 문득 슬퍼졌다. 이제 다시는 못 볼지도 모른다는 생각이 들었던 것이다.

며칠간 유지와 술잔을 나누며 즐거운 시간을 가졌던 이이가 다시 길을 떠나게 되자 유지가 함께 배웅을 나섰다. 유지는 해주까지 따라와서 아쉬운 이별을 했다. 유지와 헤어진 이이는 율곶리(지금의 황해북도 사리원) 강촌이라는 곳에서 하룻밤을 묵게 되었다. 이이가 이불을 펴고 자리에 누웠는데 누군가 방문을 두들겼다.

일어나 문을 열어 보니 뜻밖에도 유지가 거기 서 있었다. 유지는 깜짝 놀란 이이에게 방긋 웃음을 보이며 방 안으로 들어섰다.

"여기까지 어쩐 일이냐?"

"나리의 명성은 온 사람이 흠모하는 바이니 하물며 저 같은 기생이야 두말해 무엇하겠습니까? 더욱이 여색에 무심하오니 이 또한 참으로 탄복하지 않을 수 없습니다. 이번에 이별하면 다시 뵙기 어려울 것이라 감히 멀리까지 와 뵙고자 한 것입니다."

이이는 고민이 되었다. 이 늦은 밤에 여인에게 나가라고 하면 사람의 도리가 아닐 것이고 들여와 함께 잔다면 그동안의 정의를 해치고 말 것이었다. 하지만 잠시 망설였던 이이는 그녀를 방에 들이고 촛불을 켰다.

이이는 온화한 미소를 띠고 유지와 밤이 깊도록 이야기를 나누었다. 그러던 끝에 마음에 둔 말을 꺼냈다.

"내가 너를 품지 않으니 그것이 서운치는 않더냐?"

"소녀는 나리의 깊은 학문을 사모하는 것이니 그런 생각은 하지 마시옵소서."

"너와 같은 아이가 기생으로 있다니 참으로 안타까운 일이로구나."

이이는 따로 이불을 펴고 유지를 눕혔다. 두 사람은 각기 자리에 누웠다. 이이도 자리에 눕기는 했지만 잠이 오지는 않았다.

자신을 사랑하는 아름다운 여인이 고운 숨소리를 내며 옆에 누워 있는데 어찌 쉽게 잠을 이룰 수 있겠는가. 하지만 이이는 이 생에서는 유지를 책임질 수 없다는 것을 잘 알고 있었다. 처음 만났을 때는 유지가 너무 어렸고, 이제 유지가 멋진 여인으로 성장하니 자신은 이미 인생의 황혼에 도달했던 것이다. 이이는 그저 자신이 아름다운 기억으로 유지에게 남기를 바랐다.

이이는 유지와 헤어지고 얼마 못 가 숨지고 말았다. 숨지기 전에 그는 유지를 위해 그녀의 사연을 적고 시를 지어서 남겼다. 이 시 속에 유지와 좋은 인연을 만날 때를 놓친 안타까움과 유지가 찾아온 날의 고뇌가 고스란히 담겨 있다.

황해도에 사람 하나 있으니
맑은 기운 모아 선녀 같은 자태 지녔네
고와라, 그 마음씨와 태도여
맑아라, 그 얼굴과 말소리여

새벽 하늘 이슬처럼 맑은데
어이하여 길가에 버려졌을꼬
봄날 아름다운 꽃 필 때
황금으로 지은 집으로 옮길 수 없네, 슬프다, 아름다운 이여

(중략)

마음의 어지러움 구름처럼 일어나니
색욕이 그중에서도 가장 더러운 것
선비의 탐욕은 본래 그른 것이고
여인의 탐욕 또한 번뇌를 부르네

보는 것을 거두어 근원을 맑게 하여
청명한 처음을 회복할지니
내세가 있다는 말 거짓이 아니라면
죽은 뒤 저승의 부용성에서 너를 만나리라

이이는 유지에게 주는 시 세 편을 따로 또 썼다. 그중 한 편을 소개한다.

하늘이 내린 가냘프고 아리따운 모습은 선녀 같은데
10년 동안 서로 마음 많이 나누었구나

내가 본래 목석같은 사람은 아니지만

병들고 늙었으니 아름다운 그대를 사양할 수밖에.

이 글은 지금은 이화여대박물관에서 보관 중이다.

이이가 굳이 이 글을 쓴 이유는 유지가 밤에 자신을 찾아와 한방에서 하룻밤을 보냈기 때문에 유지가 섣부른 오해를 받지 않게 하기 위해서였다. 이이는 글의 말미에 이렇게 적었다.

"이 글을 적어 정에서 출발하여 예의에 그친 뜻을 알리고자 한다. 보는 이들은 자세히 살피기 바란다."

51년 만의 복권

"장모님, 정실로 인정받으셨습니다."

"장모님, 드디어 결정이 나왔습니다!"

사위가 뛰어들어오면서 외쳤다. 환갑이 넘은 쟈근조이(小斤召史-
이두로 쟈근조이라고 읽는다)가 방문을 열었다.

"장모님, 정실로 인정받으셨습니다. 우리 아이들도 적자가 되었
고요."

쟈근조이의 눈에서 뜨거운 눈물이 흘러내렸다. 길고 긴 세월 끝
에 드디어 모든 일이 끝난 것이었다.

발단은 사육신의 난이었다.

세조가 조카 단종을 몰아내고 왕위를 차지하자, 뜻 있는 선비들
은 단종을 복위시키고자 세조를 암살하려고 마음먹었다. 하지만
사전에 계획이 새어 나가고 수많은 선비가 목숨을 잃게 되었다. 그
리고 그 가족들은 노비가 되어 세조의 공신들에게 하사되었다.

쟈근조이의 아버지는 무관으로 도총진무 벼슬에 있던 이유기였다. 사지를 찢어 죽이는 거열형을 받았고 목이 잘려 3일 동안 저잣거리에 전시되었다. 이유기는 고려 말 대학자인 이색의 증손자였다.

쟈근조이의 어머니와 세 언니는 모두 정창손의 집에 보내졌는데 꼬맹이 쟈근조이만 형조참의 황효원에게 따로 떨어지고 말았다. 그렇게 된 데에는 친할아버지와 외할아버지의 힘이 있었다.

집안이 풍비박산이 났지만 친할아버지 이맹진은 이때 75세로 연좌에서 벗어나 무사할 수 있었다. 태종 때부터 조정에 나와 여러 관직을 거쳐 이때는 정2품인 판중추원사의 자리에 있었다. 마침 외할아버지의 첩이 정난 3등 공신인 황효원의 친척이어서 따로 부탁을 했던 것이다. 이맹진은 처벌은 면했지만 고령에 충격이 커서 곧 세상을 떠나고 말았다.

처자식이 모두 노비가 되어야 했지만 15세 이하의 어린이는 지방의 노비로 보내지게 되었기에 어린 쟈근조이를 따로 부탁할 수 있었다. 황효원의 외가는 경상도 상주에 있어서 쟈근조이는 그곳에서 클 수 있었다. 황효원의 외가에서는 쟈근조이를 집밖에 내보내지 않을 정도로 애지중지하며 키웠다.

황효원은 첫 번째 부인에게서 아들을 얻지 못했다. 이 때문에 고민이 컸는데 양반집 소생으로 첩으로 들인 임씨한테서는 아들을 둘이나 낳았다. 황효원은 이 두 아들을 서자로 만들고 싶지 않아서 신씨와는 이혼을 하고 임씨를 정실로 올렸다. 이렇게 해서 두 아들을 적자로 만든 뒤에 다시 임씨를 내쫓고 신씨를 정실로 앉혔다. 마치 숙종이 인현왕후와 장희빈을 번갈아 왕비로 만든 것처럼 군 것이다.

그랬던 신씨가 세상을 떠났다. 황효원의 어머니는 이때다 싶어서 쟈근조이를 아내로 맞으라고 황효원에게 채근을 했다. 몸이 좋지 않았던 황효원의 어머니는 세상을 떠나기 전에 쟈근조이를 결혼시켜야 한다고 생각했던 것이다. 쟈근조이의 외가는 윤씨로 세조의 아내인 정희왕후와 친척 관계가 있었던 테다. 따라서 이 결혼이 후일 문제가 되지는 않을 것이라 여겼을 것 같다.

두 사람의 혼례를 치른 후 황효원의 어머니는 할 일을 다 마쳤다는 홀가분한 심정으로 세상을 떠났다. 황효원과 쟈근조이는 금슬이 좋아서 2남 1녀를 낳았다.

성종이 즉위했을 때 황효원은 즉위에 공이 있다 하여 공신이 되었다. 그 덕분이었을까? 쟈근조이는 노비의 신분에서 풀려나 사족의 신분을 회복하게 되었다. 이때 어머니와 세 언니도 모두 풀려났다.

모든 일이 행복하게 잘 끝날 것 같았다. 그런데 5년 후 문제가 발생했다. 두 번째 부인이었던 임씨가 낳은 아들이 과거에 급제하여 성균관 유생이 되려고 할 때 이의가 제기되었던 것이다. 임씨는 본처가 있을 때 들어와서 첩이었으니 그 소생 역시 첩의 자식인 서자니까 성균관에 들어올 자격이 없다고 막아 버린 것이다. 뿐만 아니라 허물이 없는 정실을 내치고 첩을 정실로 만든 황효원은 강상을 어지럽힌 죄를 받아야 한다는 상소가 올라왔다.

여기에서 멈추지 않았다. 역신의 딸을 종으로 받아서 정실로 삼은 것 역시 문제라고 지적되었다. 특히 결혼 문서 자체를 위조했다는 혐의까지 나와 버렸다. 황효원은 쟈근조이의 결혼 문서를 만들면서 그녀가 처음 하사되었던 해에 혼인한 것으로 만들어 놓았다. 아마도 노비였던 사실을 숨기려고 한 모양이었는데, 명백한 위조였다.

하지만 성종은 공신인 황효원을 이런 일로 벌주고 싶지 않았다. 성종은 상소를 모두 무시하고 쟈근조이를 정실로 인정한다고 발표해 버렸다.

신하들은 쉽게 물러서지 않았다. 역신의 딸을 어떻게 정실로 인정할 수 있느냐고 물고 늘어졌다. 이미 임씨 아들의 문제는 사라졌다. 이렇게 되자 성종도 결국 첩으로 하라고 명을 바꾸고 말았다.

황효원이 반발했다. 혼인 관계를 상세히 올리고 정실로 인정해 주십사 청원을 하자 성종은 다시 황효원의 손을 들어줬다. 신하들은 여전히 인정할 수 없다고 버텼다.

이 논쟁으로부터 8년이 지나 쟈근조이에게서 낳은 자식들이 혼인하고자 할 때 또 문제가 되었다. 양반 집에서 서자라 하여 혼인을 거절한 것이다. 황효원은 성종에게 혼인을 허락해 달라고 청원을 올렸다. 논쟁이 다시 점화되었다.

성종의 입장은 확고했다. 그런데 뜻밖의 문제가 일어났다. 쟈근조이를 정실로 만들고 싶었던 황효원의 다급한 심정이 문제였다.

황효원이 이 문제를 해결하려고 사헌부 장령에게 은밀히 찾아갔던 사실이 밝혀진 것이다. 사헌부 장령, 안침은 그동안 강경하게 쟈근조이를 첩으로 해야 한다고 주장해 왔었다. 그런 그가 황효원과 은밀히 만났다고 하니 문제가 안 될 수가 없었다.

이 일로 인해서 쟈근조이의 신분은 다시 첩으로 떨어지고 말았다. 황효원은 분통하여 견딜 수가 없었다. 그는 원통한 마음에 피를 토하고 숨을 거두었다.

쟈근조이는 그 후에도 양반들에게 핍박을 받았다. 황효원이 죽은 지 3년째에 절에 다녀왔는데 절에서 하룻밤을 보냈다고 처벌해야 한다고 상소가 올라갔던 것이다. 양반들은 그녀를 정실로 인정하지 않았는데 이때는 황효원의 정실 행세를 하는 주제에 절에서 하룻밤을 보내는 게 가당키냐 하냐면서 공격을 했다고 한다. 그러나 성종은 절의 주지가 도망쳐서 진상을 알 수 없으니 따지지 않겠다고 상소를 무시해 버렸다.

그리고 20여 년 후인 중종 시절, 황효원과 쟈근조이의 사위가 자기 자식들이 서자가 되는 문제를 해결하기 위해서 장모를 신원해 달라고 상소를 올렸다. 중종은 옛날 기록들을 살펴보고 쟈근조이를 황효원의 정실로 인정해 주었다.

사육신의 난으로 노비가 되었던 때로부터 51년 만의 복권이었다.

조선판 '마르탱 게르의 귀향'

"가짜를 남편이라 속인 마음속은 어떤 것이었을까?"

유유와 백씨

프랑스 배우 제라르 드빠르디유 주연의 영화 〈마르탱 게르의 귀
향〉(1982)은 실화를 바탕으로 한 것이다(영화 제목은 '마틴 기어의 귀향'으
로 알려져 있다).

남편 마르탱 게르는 아버지에게 혼이 난 뒤 갑자기 집을 떠나 버
렸다. 부유한 집안 출신이었던 아내 버뜨랑은 혼자 살아가야 했다.
그러던 어느 날 홀연히 마르탱이 돌아왔다. 친척과 마을 사람들은
그를 환영했고, 돌아온 탕아 마르탱은 버뜨랑과 아이를 낳고 잘 살
았다.

그러던 중 마르탱은 돌아가신 아버지의 유산 중에는 자기 몫이
있다고 주장했고, 다툼이 벌어졌다. 마르탱은 삼촌인 피에르를 고
소했다. 이에 친척들은 마르탱이 가짜라고 의심하기 시작했다. 그
이유로 그도 고소당했지만 아내 버뜨랑의 적극적인 옹호로 무죄

257

판결이 났다.

하지만 피에르는 승복하지 않고 항소했다. 재판은 치열하게 전개되었는데, 마지막 순간에 극적인 반전이 일어났다. 진짜 마르탱 게르가 나타났던 것이다. 결국 가짜는 사형에 처하게 되었다. 진짜 마르탱 게르는 군대에 들어갔다가 부상을 당했고, 수도원에서 지내다가 귀향했던 것이다.

오성과 한음으로 유명한 이항복이 〈유연전〉이라는 글을 남긴 것이 있는데 신기할 정도로 마르탱 게르의 귀향과 비슷한 내용을 담고 있다.

대구 지방 무인 백거추의 딸 백씨는 대구 현감 유예원의 둘째 유유에게 시집을 갔다. 유유는 어느 날 홀연히 없어졌는데, 나중에 알고 보니 두 사람 사이에 자식이 없자 아버지가 역정을 냈고 이에 반발한 유유가 집을 나가 버렸던 것이었다. 아버지는 창피한 나머지 아들이 광증이 있어서 집을 나가 버렸다고 얼버무렸다.

5년 후, 아버지 유예원이 불귀의 객이 되었으나 유유는 여전히 소식이 없었다. 그런데 해주 지방에 유유가 살고 있다는 소식을 누이의 남편이 전해 왔다. 유유의 동생 유연은 형이 살아 있다는 말에 반갑고 놀라워하며 찾아갔다. 그런데 유연이 보기엔 영 그가 형 같지가 않았다.

"이자는 우리 형이 아니오."

하지만 다른 매부들은 모두 유유가 맞다고 하는 것이 아닌가. 결국 대구로 돌아와서 함께 관가로 갔다. 동네 사람들을 모아 놓고 맞는지 확인을 하는데, 동네 사람들도 유유가 아니라고 말했다. 사또는 가짜 유유라고 판단하고 옥에 가두려 했다. 이때 백씨가 뛰쳐나와 말했다.

"첩의 지아비는 병이 깊으니 부디 옥이 아니라 집에서 대기토록 해 주십시오."

사또가 사정을 봐주었는데, 이자가 없어져 버렸다. 백씨는 사또에게 유연을 고발했다.

"시동생 유연은 첩의 남편이 광증이 있는 것을 이용해서 옥에 가두려 했습니다. 사또의 선처로 집에서 요양할 수 있었지만 끝내 사람을 보내 형을 해쳤습니다. 유연의 죄를 다스려 제 원한을 풀어 주십시오."

사또는 유연을 옥에 가두었다. 그러자 이번에는 유연의 처, 이씨가 경상감사에게 진정을 넣었다. 조사가 다시 시작되었는데 매부와 일가친척 중 일부가 돌아온 사람이 유유가 맞다고 주장했다. 이렇게 되자 감사는, "네 죄를 네가 알렸다! 바른 말을 할 때까지 곤장을 쳐라!"라고 말해 버렸다. 곤장을 맞던 유연은 더 버티지 못하고 자기가 형을 죽였다고 자백하고 말았다.

유연은 사형에 처해졌다. 죽을 때 유연이 유언을 남겼다.

"신이 죽은 뒤에 진짜 유유가 나타나면 죽은 자는 되살아날 수 없으니 나라가 그때 후회해야 소용없을 것이오."

그리고 16년이 지난 어느 날.

유유의 친구가 우연히 경북 영주 지방에서 서당 훈장을 하는 유유를 만났다. 유유는 아버지와 동생의 죽음을 모르고 있었다.

사정을 들은 유유가 집으로 돌아오자 유연의 아내 이씨가 관아로 달려가 남편의 억울함을 호소했다. 조사가 다시 시작되었다. 매부와 친척들이 짜고 유연이 상속받은 재산을 갈취하려고 했던 것이었다. 판관과도 공모를 했다.

달아나서 숨어 살던 가짜 유유 역할을 한 사람도 찾아냈는데, 그는 처벌을 두려워해 자살해 버렸다. 유연을 모함했던 매부는 곤장을 맞다가 죽었는데, 유유도 아버지의 초상을 치르지 않았다는 이유로 유배형을 받았다.

뜻밖에도 유유의 처 백씨는 공모 정황을 확인할 수 없다고 처벌을 받지 않았다. 아버지 백거추의 세력이 경상도 일대에 대단했던 탓이었을지도 모른다.

유유는 유배를 떠나던 날에 백씨를 찾아가 야단을 쳤다.

"엉뚱한 놈을 나라고 해서 동생을 죽게 만들었지! 어디 나한테도 유유가 아니라고 해 보라지!"

"늘 내게 흉한 말만 하더니 하나도 안 변했네!"

백씨는 기죽지 않고 맞받아쳤다.

유연이 죽었을 때 사기꾼 일당이 이씨에게 다가와 가짜 유유가 사는 곳을 알고 있으니 찾아 주겠다고 말한 바 있었다. 이씨는 시집올 때 가져온 패물까지 모두 털어서 그들에게 건네주었다. 하지만 이들은 손만 벌릴 뿐 가짜 유유를 찾아내지 못하다가 진짜 유유가 나타나자 달아났다.

이씨도 예전의 이씨가 아니었다. 이씨는 미리 이들의 거처를 파악해 두었다가 붙잡아서 재산을 모두 돌려받았다. 유씨 가문의 사연도 이씨가 전한 것을 이항복이 적어서 알려지게 된 것이다.

마르탱 게르의 사건은 1548년에 시작되어 1560년에 끝났다. 유유가 집을 나간 것이 1556년이고, 1579년에 유유가 돌아와 끝났다. 묘하게도 비슷한 시기에 남편이 집을 나가고 가짜 남편이 돌아와 유산 상속을 놓고 다투다가 결국 진짜 남편이 나타나 사건이 해결되었다.

가짜를 남편이라 속인 백씨의 마음속은 어떤 것이었을까? 그걸 파헤쳐 보면 '유유의 귀향'이 '마르탱 게르의 귀향'처럼 놀라운 영화로 거듭나게 될 수 있을까?

6

그윽한 꿈에서라도 그대를 만난다면

머리에 석남꽃을 꽂고

"오늘 장례를 치를 예정인데 이 무슨 해괴한 소리냐?"

최항의 연인

신라 때 일이다.

최항(崔伉)이라는 사람이 살았는데 자가 석남(石南)이었다. 연인이 있었는데 무슨 이유인지 부모가 만나는 것을 금해서 수개월을 만나지 못했다. 애가 타서 그랬을까, 최항은 갑작스레 죽음을 맞이하고 말았다. 물론 이 소식은 연인에게는 전달되지 않았다.

최항이 죽은 지 8일이 되던 날이었다. 한밤중에 그 연인의 집에 최항이 찾아왔다. 그녀는 그가 죽은 줄 몰랐고, 그저 반가운 마음에 얼른 집 안으로 들였다. 최항은 머리에 꽂고 온 석남 가지를 둘로 나누어 하나를 연인에게 주었다.

"부모님이 드디어 자기와 함께 살아도 된다고 허락해서 찾아오게 되었네."

얼마나 기다리던 소식이었겠는가. 여인은 뛸 듯이 기뻐 최항과 함께 그의 집으로 갔다. 집에 도착하자 최항은 휙 담을 뛰어넘어 집 안으로 들어갔다. 여인은 최항이 안으로 들어가 대문을 열어 주려나 보다 생각하고 대문 앞에서 기다렸다. 하지만 날이 밝도록 최항은 나타나지 않았다.

그러다 마침내 대문이 열렸다. 하지만 나온 사람은 최항이 아니었다. 집안사람 중 하나였다.

"네가 왜 여기 있는 거냐?"

"도련님하고 같이 왔습니다. 도련님이 안에 들어간 뒤에 나오질 않으셨습니다."

집안 어른은 놀라서 말했다.

"이게 무슨 소리냐? 항이가 죽은 지 8일이나 되었다. 오늘 장례를 치를 예정인데 이 무슨 해괴한 소리냐?"

여인도 놀라서 말했다.

"분명 어젯밤에 저희 집에 왔습니다. 제게 석남 가지를 꽂아 주셨는데, 도련님 머리에도 꽂혀 있었으니 확인해 보십시오."

최항의 관을 열어 보니 정말 머리에 석남 가지가 꽂혀 있었다. 더구나 옷이 밤이슬에 젖어 있었고, 입관할 때 없었던 신발까지 신고 있었다.

여인은 최항이 정말 죽었다는 것을 알고는 대성통곡을 했다. 얼마나 울었는지 그녀도 숨이 끊어질 것만 같았다. 그때였다. 최항이 눈을 떴다.

죽음도 갈라놓을 수 없는 사랑 앞에 더 이상의 반대는 없었다.

두 사람은 함께 20년을 더 살았다.

  석남은 진달랫과의 나무로 5월에 흰색과 연분홍색의 꽃이 핀다.
만병초(萬病草)라고도 부르는데 만 가지 병을 고친다는 뜻으로 붙인
이름이라 한다. 죽음으로부터도 사람을 구한 셈이다.
  이 신라 시대 설화를 가지고 서정주가 1969년에 〈석남꽃〉이라는
시를 썼다. 설화에서는 가지였는데 서정주는 꽃으로 바꾸었다.
  서정주는 이 시를 짓게 된 사연을 수필로도 적어 놓았는데, 고
노회찬 전 의원은 고등학생 시절에 이 글을 읽고 감명을 받아서 '소
연가(小戀歌)'라는 노래를 만들었다. 서정주의 시를 그대로 사용한
건 아니고 약간 고쳤는데, 원래 시보다 가사가 짧아서 가장 핵심적
인 구절만 사용한 것 같다.
  시에서는 서른 해라고 해서 20년보다 더 길게 산 것으로 했는데,
아무래도 20년은 너무 짧게 느껴져서 그런 것 같다. 생각해 보면 옛
사람들도 환갑까지 사는 일은 많았는데 20년을 더 살았다고 하면
이 이야기는 젊은 사람들의 이야기가 아니라 나이가 든 사람들의
이야기일지도 모른다. 서정주는 '애인'이라고 풀었지만 한문으로
는 '첩(妾)'으로 나와 있다.
  어쩌면 이 이야기의 진실은 최항이 집안의 반대를 무릅쓰고 결
혼을 하겠다는 일념 하에 죽은 척하고는 되살아나는 기적을 연출
하여 사랑을 이루었다는 데 있을지도 모른다. 로미오와 줄리엣은
실패하여 모두 죽고 말았는데, 최항은 성공하여 행복을 누렸다는

해피엔드라는 점이 다르다. 서정주가 시로 이 이야기를 아름답게 표현했던 것처럼 누군가가 이 이야기를 모티프로 아름다운 소설을 쓸 날이 왔으면 좋겠다.

이 설화는 조선 정조 때 권문해가 쓴 〈대동운부군옥〉에 전하는데, 출전은 신라 때 설화를 모은 〈수이전(殊異傳)〉이라고 밝히고 있다.

최치원, 귀신을 만나다

"어찌 선녀들이 미천한 몸을 보러 오셨습니까?"

장씨 자매

최치원은 신라 말기의 유명한 선비로, 일찌감치 당나라에서 공부했다. 그가 열두 살이라는 어린 나이에 연고도 없는 당나라로 건너갈 때, 아버지 최견일은 냉정하게 말했다.

"10년 안에 과거에 합격하지 못하면 넌 내 아들이 아니다."

최치원의 집안은 육두품으로, 신라에서는 진골 다음가는 귀족이기는 했으나 결국 하급 귀족으로 오를 수 있는 지위에 한계가 있었다. 그러나 당나라는 해외의 인재들까지 빨아들이고 있어서 '빈공과'라 하여 외국인들끼리 치는 과거를 따로 두었다.

최치원은 당에서 공부한 지 7년 만에 빈공과 수석을 차지하였다. 2년 후, 당나라 선주 율수현위라는 벼슬을 받아 부임하게 되었다.

그곳 남쪽에 초현관(招賢館)이라는 곳이 있었는데 앞 언덕에는 오래된 무덤 하나가 있어 쌍녀분(雙女墳)이라 불렀다. 최치원은 두 여인이 묻혔다는 것 이외에는 알 수 없는 무덤 앞에서 시를 하나 지었다.

뉘 집의 두 여인이 버려진 무덤에 남아
적적한 지하에서 몇 번이나 봄을 원망했으랴
그 모습 시냇가 달 속에 머무르니
이름을 무덤 덮은 흙에게 물어볼 수도 없으리
그윽한 꿈에서라도 아리따운 그대를 만난다면
기나긴 밤 나그네를 위로함이 허물은 아니리
외로운 관사에서 운우지정을 나눈다면
그대에게 '낙신부'를 이어서 불러주리라

최치원의 나이는 이때 갓 스물이었다. 그가 시 끝에 이야기한 '낙신부'는 조조의 막내아들이자 천재 시인이었던 조식이 형수였던 견후를 사모한 끝에 지었던 시다. 견후는 조비에게 버림받고 낙수에서 자살하였는데, 견후를 낙신에 빗대어 지은 시로 아름다운 미인을 형용하는 말로 가득하다. 미인을 가리키는 붉은 입술, 하얀이라는 뜻의 단순호치, 미모에 꽃도 달도 부끄러워한다는 수화폐월 같은 말이 이 시에서 유래했다. 그러니 최치원의 시는 미인을 만난다면 '낙신부' 같은 찬사를 올리겠다는 이야기가 된다.

최치원이 관사로 돌아와 달을 바라보고 있을 때 아름다운 한 여인이 나타났다. 그 여인은 취금이라는 시녀로, 무덤의 주인인 팔낭자와 구낭자의 심부름을 온 것이었다. 최치원은 시녀를 희롱하다가 한소리를 듣는다. 그제야 정신을 차린 최치원은 짐짓 겁 없는 척 두 여인의 초청에 응했다. 그러자 세상에 없을 미모를 가진 두 여인이 그 앞에 나타났다. 최치원은 그 미모에 놀라 절을 올리며 말했다.

"나는 반도의 보잘것없는 몸으로 이 풍진 세상의 말단 관리에 불과합니다. 어찌 선녀들이 미천한 몸을 보러 오셨습니까?"

두 미녀는 눈물을 흘리며 말했다.

"우리는 장씨 집안의 두 딸로, 선친은 큰 부자였습니다. 우리 나이가 18세, 16세가 되자 저는 소금 장수에게, 동생은 차 장수에게 시집을 보내려고 하였습니다. 우리는 받아들일 수 없어서 혼사를 취소해 달라고 했으나 선친은 들어주지 않았습니다. 그것이 마음에 맺혀 결국 요절하고 말았습니다. 우리는 그저 어진 사람을 만나기만을 바랐을 뿐입니다."

이날 달은 대낮같이 밝고 바람은 가을처럼 시원하였기에 세 사람은 '달'을 시제로 삼아 시를 주거니 받거니 하며 즐겼다. 두 자매는 최치원의 거침없는 성격과 고아한 시구에 매혹되었다. 자신감을 얻은 최치원이 잠자리를 같이하자고 청하자 두 여인은 뜻밖에도 순순히 허락했다. 고대에 자매가 한 남자와 같이 혼인하는 것이 없지는 않았으니 이 시대의 관습으로 보아야 할 것 같다.

아침이 밝아 오자 여인이 시를 읊었는데, 그 말미에 이런 말이 있었다.

비는 흩어지고 구름은 돌아가니 꿈에 들기는 어려우리라

앞으로 다시는 만나지 못할 것이라는 이야기였다. 두 여인은 향후 무덤가를 지나가면 돌봐 달라는 부탁을 남기고 바람처럼 사라졌다. 최치원은 무덤을 찾아가 약속대로 '낙신부'와 같은 긴 시를 읊었다. 그 시 말미에는 이런 내용이 있다.

이 땅에서 내가 두 여인을 만난 것은
양왕의 운우지몽과 비슷하도다
대장부여, 대장부여
장부의 기백으로 여인의 한을 풀어 주었을 뿐이니
여우같은 요물에 마음 빼앗길 일은 없으리

양왕은 전국 시대 초나라 경양왕을 가리킨다. 양왕이 송옥이라는 신하에게서 들은 이야기다. 양왕의 아버지 회왕이 무산의 고당관에 왔다가 잠이 들어 꿈을 꾸었는데, 그 꿈에 아름다운 여인이 찾아와 남녀 사이의 즐거움을 나누었다. 그녀는 저녁이 되자 떠나겠다고 말했고, 회왕이 궁으로 가자고 하자 거절하면서 '아침에는 구름이 되고 저녁에는 비가 되어 늘 당신을 그리워할 것입니다'라고 말하였다. 이 말에서 무산지몽, 운우지정이라는 고사성어가 만들어져서 남녀 간의 사랑을 뜻하게 되었다.
최치원과 만난 여인이 읊은 '비는 흩어지고 구름은 돌아간다'는 시구 역시 운우지정을 염두에 둔 말이다. 처녀로 죽은 귀신은 한을 품는다는 관념이 이 이야기에 작용한 것으로, 이제 한을 풀었으니 속세로 돌아오지 않겠다는 의미이다.

최치원이 겪은 이 기이한 이야기는 〈신라수이전〉에 전하는데, 이 책의 지은이에 대해서는 학계에 여러 설이 있다. 일반적으로는 고려의 문인 박인량이 지었다고 하지만 다른 학설에서는 최치원 본인이 지었다고도 한다. 최치원의 상관은 회남절도사 고변(高騈)이라는 인물인데, 이런 기괴한 이야기를 즐겼던 모양으로 최치원이 신라의 기이한 이야기를 모아서 〈신라수이전〉이라는 이름으로 바쳤던 것으로 추측한다. 이때 자신이 귀신과 어울렸다는 이야기를 넣음으로써 자신의 시재와 담력을 모두 자랑했던 것 같다.

하지만 두 여인과 정을 통했다는 것을 단순한 호색이 아니라 귀신의 한을 풀어 주기 위한 대장부다운 노력이었다고 쓴 것은, 자신의 행적에 금칠을 한 것으로 볼 수 있다. 이런 이야기를 만든 덕분인지 그는 고변의 종사관으로 발탁될 수 있었다.

잉어가 이어 준 인연

"낭께서 맹약을 저버리지 않으신다면
혼례 날까지 와 주셔야만 합니다."

연화부인과 무월랑

강릉 남쪽을 흐르는 강 아래에 '별연사'라는 절이 있다. 그 절의
뒤 언덕을 '연화봉'이라 부른다. 이 봉우리의 이름에는 사연이 있
다. 통일신라 시대, 연화부인이 그 아래에 살고 있었기 때문에 붙
은 이름이다. 산봉우리에 이름을 남긴 것을 보니 보통 여인이 아닌
것이 분명하다.

당시 별연사 앞에는 연못이 하나 있었는데 물고기를 기르는 연
못이라는 뜻으로 '양어지'라고 불렀다. 그녀는 늘 이 연못에 와서
헛기침을 한 뒤에 잉어에게 먹이를 주었다. 잉어들은 그녀의 기침
소리를 들으면 늘 몰려오게 되었다.

그리고 서라벌에서 온 왕의 동생, 무월랑(無月郎)이 그곳에서 연화
를 우연히 보게 되었다. 그는 당시 그 지방을 다스리는 관리로, 화
랑도를 이끌고 와 있었다. 어린 나이에 중책을 맡았기에 사무는 노

련한 이에게 맡기고 낭도들과 함께 명승지를 찾아다니며 놀기만 했다.

하루는 산봉우리에 홀로 올랐는데, 양어지에서 마침 연화가 빨래를 하고 있었다. 연화의 아름다운 모습을 보고 한눈에 반한 무월랑이 말을 붙여 보았는데, 연화는 명가의 여식답게 글도 알고 있었다. 무월랑은 이후 시를 써서 보내며 사귀기를 원하게 되었다.

연화는 호락호락한 여인이 아니었다. 무월랑이 싫지는 않았지만 분명히 할 것이 있었다.

"저는 사족(士族) 출신입니다."

귀한 집안의 자식이라는 이야기였다.

"예를 갖추지 않으면 혼인을 할 수 없습니다. 낭이 미혼이라면 혼약을 행할 수는 있으니 육례(六禮)를 갖춰 맞이해 주시기 바랍니다."

전하는 다른 이야기에는 연화가 무월랑에게 과거에 급제하고 부모님의 허락을 받은 뒤에 혼례를 치를 수 있다고 말했다고 전한다. 하지만 이는 후대의 윤색일 수밖에 없다. 과거는 고려 이후에만 치렀던 것이기 때문이다.

무월랑은 이 말에 크게 기뻐했다.

"정녕 나와 혼인해 줄 것입니까?"

연화가 대답했다.

"저는 이미 낭께 몸을 허락한 것이니 결코 다른 데로 시집가지 않을 것을 맹세합니다."

무월랑은 매일 안부를 묻고 선물을 보냈다. 그러다 임기가 다 되는 바람에 서라벌로 복귀했다. 그러나 반년이 지나도록 그에게서는 연락이 오질 않았다.

연화의 아버지는 딸이 무월랑과 사귀고 있다는 것을 몰랐다. 아버지는 나이가 찬 연화를 북평 집안의 남자에게 시집보내기로 하고 혼례 날짜까지 잡았다. 연화는 이미 무월랑과 장래를 약속했다고 말하지 못한 채 속만 태우게 되었다.

답답해진 마음을 풀 길이 없었던 연화는 무월랑을 처음 만난 양어지로 향했다. 연화가 헛기침을 하자 황금빛 잉어가 몰려왔다.

"너희는 내가 키웠는데, 나를 위해 수고를 해 줄 수 있겠느냐?"

그러자 45센티미터나 되는 황금빛 잉어 한 마리가 연못에서 튀어 올라 입을 뻐끔거렸다. 연화는 즉시 옷소매를 찢어서 글을 적었다.

저는 감히 혼약을 위배치 않을 것이지만 부모님의 명을 이제 어길 수 없습니다. 낭께서 맹약을 저버리지 않으신다면 혼례 날까지 와 주셔야만 합니다. 낭께서 오시지 않는다면 저는 마땅히 자살하여 낭을 따르도록 하겠습니다.

글을 적은 천을 잉어의 입속에 넣고 냇가에 놓아주니 잉어는 곧 사라지고 말았다.

이 일이 있고 다음 날. 서라벌의 무월랑은 수하 관리를 보내 알

천에서 물고기를 잡아 오라고 했다. 관리가 이리저리 둘러보다 보니 갈대 사이에 황금빛 잉어 한 마리가 있어서 붙잡아 왔다.

무월랑 앞에 비쳐진 잉어는 펄쩍 뛰는 모양이 뭔가 호소하는 듯했는데, 잠시 후 거품과 함께 천 하나를 토해 냈다. 천을 들어 읽어 보니 이게 웬일인가? 그것은 연화가 써서 보낸 편지였다. 무월랑은 즉시 편지와 잉어를 가지고 임금님께 달려가 이 놀라운 사실을 고했다.

임금님도 놀라워하며 잉어는 궁중의 연못에 풀어 주게 하고 무월랑은 대신 한 사람과 함께 강릉으로 가게 했다.

이때는 이미 결혼식 당일이 되어, 식 준비가 한창이었다. 연화는 아프다고 핑계를 대고 머리도 빗지 않고 화장도 하지 않고 버티고 있었다. 이때 무월랑이 도착했다는 소리가 들려왔다. 연화는 바로 몸단장을 마치고 옷을 갈아입고 방을 나섰다.

북평에서 결혼을 위해 온 사내도 있었지만 왕의 동생과 대립할 수는 없는 노릇이었다. 차려진 잔칫상은 무월랑과 연화를 위해 사용되었다. 두 사람은 혼인하고 후에 아들을 낳았는데, 그가 강릉 김씨의 시조인 김주원이다.

이 이야기는 원래 〈고려사〉에 '명주가'라는 노래의 유래로 적혀 있다. 〈고려사〉에서는 고구려의 노래라고 나오는데 구체적인 인물은 적지 않았다. 위에 적은 내용은 조선 시대에 허균이 자신의 외가가 강릉 김씨여서 내용을 자세히 조사하여 적은 것이다. 〈강릉김

씨세보〉나 〈신증동국여지승람〉등에도 이 전설이 전해지는데 세부적으로는 조금씩 차이가 있다.

김주원은 신라 왕이 될 적법한 자리에 있었는데 선왕인 선덕왕이 승하했을 때 하필 북천의 물이 넘치는 바람에 왕궁에 제때 들어가지 못했고, 그 때문에 서열이 밀리는 김경신이 원성왕으로 즉위하게 된다. 김주원은 왕위에서 밀린 후에 강릉으로 가서 지방 호족으로 살았다.

허균이 전한 글에는 김주원과 김경신이 모두 연화부인의 소생으로 나오지만 이것은 사실이 아니다. 이미 안정복이 〈동사강목〉에서 옛 기록이 잘못된 것이라고 적어 놓은 바 있다.

다리가 넷이더라

"공의 얼굴을 그린 것만 보아도
그 문에 들어가지 않겠습니다."

처용의 아내

신라 제49대 헌강왕 때는 통일신라가 최전성기를 맞이한 때였
다. 서라벌에는 집들이 빼곡했는데 모두 기와집으로, 초라한 초가
집은 한 채도 없었다. 풍악과 노랫소리가 길가에 끊이지 않았으며
불을 사용할 때는 저렴한 나무 대신 숯을 땠다.

하루는 헌강왕이 학성(지금의 울산광역시)에 행차했다. 바닷가에서
풍류를 즐기고 돌아오려고 하는 때에 갑자기 안개가 자욱해지면
서 길을 찾을 수 없을 정도로 짙어졌다.

"이 무슨 괴이한 일인가?"

왕의 하문에 기상을 살피고 점을 치는 업무의 일관이 앞으로 나
와 고했다.

"동해 용왕의 조화입니다."

"그럼 어찌해야 하는가?"

"좋은 일을 해서 풀어 주셔야 합니다."

헌강왕이 고개를 끄덕였다.

"허, 용왕을 위해서 절을 세우도록 하겠노라."

"명을 받드옵니다."

그러자 안개가 걷혔다. 헌강왕은 그곳의 이름을 구름이 열린다는 뜻의 개운포라고 지었다. 이때 뜻밖에도 용왕이 자신의 일곱 아들을 데리고 나타났다.

용왕은 헌강왕의 약속에 감사를 드린 뒤 풍악을 연주하며 춤을 추었다. 그리고 자신의 아들 중 하나를 헌강왕을 모시도록 남겨두었다. 헌강왕은 처용이라는 이름을 가진 용왕의 아들에게 급찬 벼슬을 내려 주고 서라벌로 데려왔다. 왕은 서라벌로 돌아온 뒤 자신의 약속을 지켜 그곳에 바다를 바라보는 망해사라는 절을 세웠다.

처용은 용궁과 신라를 잇는 신비로운 존재였다. 헌강왕은 그가 바다로 돌아가지 못하게 막아야 했다. 신라의 소문난 미녀를 처용에게 시집보냈다. 얼마나 아름다웠는지 역신이 사람으로 변하여 처용이 없는 틈을 타서 몰래 잠을 잤다고 〈삼국유사〉는 전한다.

이야기는 여기서 두 갈래로 갈라지게 된다. 하나는 진짜 사실을 말하는 것이다.

처용은 누구였을까? 울산 지역 호족의 아들이라는 이야기도 있고, 세력이 끊어진 왕실의 후손이라는 말도 있다. 그중 가장 솔깃한 이야기는 아랍 상인의 아들이라는 주장이다.

통일신라 시기, 그들이 왔던 것은 사실이다. 헌강왕 때 이슬람의 지리학자인 페르시아인 이븐 쿠르다드비가 쓴 <제도로 및 제왕국 안내서>에는 '중국의 맨 끝에 신라라는 산이 많은 나라가 있다. 그 나라는 영주국들로 갈라져 있다. 그곳에는 금이 풍부하다. 이 나라에 와서 영구 정착한 이슬람 교도들은 그곳의 여러 가지 이점 때문에 그렇게 하였다고 한다'라고 적고 있다. 아랍 상인 중에 신라에 정착한 사람들이 있다는 것이다. 처용의 모습을 나타낸 처용 탈이나 신라 왕릉에 있는 무인상에도 아랍 계통으로 보이는 모습이 있다.

아랍인들이 신라까지 진출하게 된 가장 큰 이유는 이 무렵 중국에서 황소의 난이 일어나서 광저우 지방의 아랍 상인들 거주지를 파괴했기 때문이다. 국제 교역항이었던 광저우의 항구는 철저하게 파괴되고 말았다. 아랍 상인들은 대안을 찾아서 신라까지 이동했던 것이다.

그럼 신라 미녀의 입장에서 보자. 아랍 상인의 아들은 문화도 다르고 말도 다르고 한 번 본 적도 없는 낯선 남자인데, 그에게 시집가서 살아야 했던 것이다.

처용도 아내가 썩 사랑스럽지는 않았을지 모른다. 신라인들 기준에서는 아름다운 여인이지만 아랍인의 기준에서도 그랬을지는 알 수 없는 일이다. 말이 다르고 문화가 다른 것은 처용 입장에서도 마찬가지였다. 그러니 그도 밤늦게까지 술을 마시고 집에는 만취해서 돌아오곤 했던 것이 아닐까?

처용은 집에 와서 아내가 다른 남자와 잠에 빠진 것을 발견하고는 큰 실의에 빠졌을 것이다. 하지만 난동을 부리지는 않았다. 그는 자신이 신라에 속하지 않았다는 것을 다시 한 번 깨달았을지도 모른다.

그리하여 처용은 춤을 추며 노래를 불렀다.

서라벌 밝은 달 아래
밤들어 노니다가
집에 들어와 자리를 보니
다리가 넷이더라
둘은 내 것이고
둘은 뉘 것인고
본디는 내 것이다마는
빼앗긴 것을 어찌할꼬

깜빡 잠이 들었던 남자는 처용의 노래에 놀라 뛰쳐나와 무릎을 꿇었다.

"제가 공의 아내를 탐내어 그만 그녀를 범하고 말았습니다. 공이 이를 보고도 노여움을 나타내지 않으니 감동하여 아름답게 여기는 바입니다. 맹세코 지금 이후로는 공의 얼굴을 그린 것만 보아도 그 문에 들어가지 않겠습니다."

남자는 처용과 그의 아내에게 책임을 돌리지 않는다. 자신이 그녀를 범했다고 자백하고 다시는 그러지 않겠다고 약속했다.

이제 두 번째 갈래를 말해 보자. 그건 판타지가 된다.

처용의 아내를 범한 것은 사람이 아니라 역신이다. 질병을 퍼뜨리는 사악한 존재이다. 그는 사람의 모습으로 변해서 처용의 아내와 몰래 잤다. 여기서 상상력을 조금 발휘해 보자. 그가 변한 사람의 모습은 대체 누구였을까? 역신이 처용의 얼굴로 변했던 것은 아닐까? 그래서 처용에게 잡혔을 때 그의 얼굴만 그려 놓아도 들어가지 않겠다고 굳이 이야기했을 수도 있다. 그의 아내 역시 처용의 모습을 한 역신에게 속았을지도 모른다.

신라 사회에 들어온 특이한 존재, 처용의 일은 역사적 사건이었을 가능성이 높다. 그가 행복하게 살아가도록 하는 것이 왕실의 바람이었을 것이다. 그가 용왕의 아들이었든, 아랍 상인의 아들이었든 그가 행복하게 됨으로써 신라가 얻을 이익이 있었을 것이다.

그러나 그는 아내가 다른 남자와 자는 불행한 결말을 맞이했다. 신라는 어떻게든 여기에 판타지를 가미해서 해피엔드의 새로운 이야기를 만들어야 했을 것이다.

그 해피엔드를 위해서 처용의 아내를 범한 것은 사람이 아니고 역신이고, 처용이 그를 노래와 춤으로 물리쳐서 역신의 구속을 받아 냈다는 식의 새로운 전설이 생겨났을 가능성이 있다.

〈삼국유사〉는 해피엔드를 위해서 신라 사람들이 만든 강력한 벽사신앙(사악한 것을 물리치는 주술적 신앙)을 전해 주고 있다. 신라 사람들이 처용의 얼굴을 그려서 대문에 붙여서 역신을 물리쳤다고.

처용의 벽사는 이후에 왕실을 통해서 강력하게 전승되었다. 고려의 왕실도 처용무를 좋아했고, 조선의 왕실도 처용무를 보존했다.

하지만 이 사건 이후 처용의 아내, 예쁘다는 이유로 낯선 남자에게 시집가야 했고 결국은 역신에게 범해진 그녀가 어떻게 되었는지는 전해지지 않는다.

호랑이가 사랑한 남자

"다음 생에는 사람으로 태어나 낭군을 만나고 싶습니다."

호녀와 김현

통일신라 제38대 왕 원성왕(재위 785~798) 때의 일이다.

신라 서라벌에는 2월 초팔일부터 15일까지 흥륜사의 전탑을 돌며 복을 비는 탑돌이 행사가 있었다. 김현이라는 청년이 밤늦게까지 탑을 돌고 있었다. 사람들이 하나둘 돌아갔는데 한 처녀만이 염불을 하면서 김현의 뒤를 따라 탑을 돌았다. 두 사람은 탑돌이를 하다가 눈이 맞아 버려서 급기야는 정까지 통하게 되었다.

옷매무새를 고친 처녀가 집으로 돌아간다고 하자, 김현이 바래다주겠다고 말했다.

"괜찮습니다."

"이미 밤이 늦었는데 어찌 여인을 혼자 보낼 수 있겠습니까? 같이 가시죠."

결국 김현의 고집이 이겨서 처녀를 따라가게 되었다. 서쪽 산기

숲에 초가집이 한 채 있었는데 처녀가 그리로 들어갔다. 집 안에 할머니 한 사람이 있다가 김현을 보고 놀라서 말했다.

"너랑 같이 온 저 사내는 누구냐?"

"오늘 탑돌이에서 만난 김현이라는 분입니다."

처녀가 사실대로 모든 일을 고하자 할머니는 혀를 찼다.

"좋은 일이지만 안 하느니만 못한 일이로구나. 이제 너를 나무란들 뭐하겠느냐? 네 오빠들이 워낙 악독하니 어서 저 청년을 숨겨야겠다. 무서운 일이 벌어질지도 모르겠다."

김현은 두 사람이 안내하는 대로 구석진 곳에 몸을 숨겼다. 오빠들이 성질이 대단한 모양이라 일단 사정을 이야기한 다음에 소개하려는 모양이라고만 여겼다.

그런데 집밖에서는 맹수가 울부짖는 소리가 나더니 집 안으로 화등잔 같은 눈을 가진 호랑이 세 마리가 쑥 들어오는 것이 아닌가? 더욱 놀랍게도 이 호랑이들이 할머니와 처녀를 보고 사람의 말을 내뱉었다.

"집안에서 비린내가 나는구나! 요깃거리가 있는 모양이다."

할머니와 처녀가 펄쩍 뛰었다. 할머니가 야단을 쳤다.

"너희들 코가 이상해진 모양이구나! 무슨 미친 소리를 하느냐!"

김현은 정신을 잃을 판이었다. 몸이 후들후들 떨리는데 집밖에서 우레와 같은 소리가 울려 퍼졌다.

"너희는 무수한 생명을 즐겨 해치니 더 이상 용납치 못하겠노라. 너희 중 하나를 죽여 악행의 대가를 치르게 하리라."

세 호랑이가 그 소리에 꼬리를 말며 두려움에 빠져들고 말았다. 그 모습을 안쓰럽게 보던 처녀가 말했다.

"오라버니 세 분이 멀리 떠나 스스로 뉘우칠 수 있다면 제가 대신 벌을 받겠습니다."

그 말에 세 호랑이는 크게 기뻐하더니 바로 집을 뛰쳐나가 어디론가로 사라져 버렸다. 그러자 처녀는 김현이 숨은 곳으로 와 말했다.

"낭군께서 처음에 제 집으로 오고자 할 때 부끄러워 거절하였습니다만, 이제는 더 숨길 것이 없으니 속마음을 모두 말씀드리겠습니다. 저와 낭군은 서로 다른 족속이지만 하룻밤의 즐거움을 함께 하였으니 그 의리는 부부의 정만큼이나 소중합니다."

김현이 무겁게 고개를 끄덕였다.

"세 오빠의 악행 때문에 하늘이 미워하기에 이르러 집안에 재앙이 내렸습니다. 이 재앙은 제가 감당할 것입니다. 저는 이제 죽어야 하는 몸이 되었는데, 남의 손에 죽느니 낭군의 칼에 죽고 싶습니다."

김현이 깜짝 놀랐다. 하지만 처녀는 담담히 말을 이었다.

"저는 내일 성에 들어가 사람을 물고 할퀼 것입니다. 하지만 저를 당해 낼 사람은 없을 것이니 결국 임금님이 벼슬을 내걸어 저를 잡을 사람을 찾을 것입니다. 그때 낭군께서는 겁내지 말고 저를 따라 성 북쪽의 숲까지 오십시오. 제가 기다릴 것입니다."

김현이 머리를 저었다.

"사람이 사람과 사귀는 것이 정상이고 다른 족속과 사귀는 것은 정상이 아닐 것입니다. 하지만 이미 사귀었으니 이는 하늘이 준 행운일 것입니다. 그런데 어찌 배필의 죽음을 팔아 벼슬을 할 수 있겠습니까?"

처녀가 눈물을 흘리며 말했다.

"그 말씀은 감사합니다. 하지만 제 죽음은 이미 하늘에 의해 결정된 것입니다. 제가 낭군의 손에 죽는 것 또한 제가 바라는 것입니다. 낭군께는 좋은 일이 될 것이고, 우리 가족에게도 복입니다. 나라 사람들도 흉악한 일을 더는 안 당할 것이니 기쁨이 아니겠습니까? 이 한 몸이 죽어서 다섯 가지 이익이 생기니 어찌 어길 수 있겠습니까?"

"나는 차마 그리할 수 없습니다."

"제발 그리해 주십시오."

"아니 됩니다."

처녀는 김현에게 간곡하게 부탁했다.

"낭군께서 저를 위해 절을 세워 주시고, 불경을 강독하여 제게 좋은 업을 쌓도록 해 주신다면 낭군의 은혜가 이보다 더 클 수 없을 것입니다. 다음 생에는 사람으로 태어나 낭군을 만나고 싶습니다."

김현도 하늘의 뜻을 꺾을 수 없음을 알았다. 두 연인은 기구한 운명에 울면서 작별하였다.

다음 날. 정말 사나운 호랑이가 성안에 들어와 사람들을 해치는

데 아무도 당해 낼 수가 없었다. 원성왕이 높은 벼슬을 걸고 호랑이를 잡으라는 명을 내렸다. 김현이 궁으로 들어가 자신이 호랑이를 잡을 수 있다고 말했다. 원성왕은 크게 기뻐서 먼저 벼슬을 내려 김현을 격려했다.

김현이 단검을 들고 약속한 숲으로 들어가자 호랑이가 어느 틈에 처녀로 변해 그를 반갑게 맞았다.

"어젯밤 낭군과 마음속 깊이 맺은 정을 결코 소홀히 하지 마십시오. 오늘 제게 상처를 입은 사람들은 흥륜사의 장을 바르고 그 절의 나팔 소리를 듣게 하면 모두 나을 것입니다."

처녀는 그러더니 김현의 단검을 냉큼 빼앗아 스스로 목을 찔러 자결했다. 처녀가 쓰러지자 다시 호랑이 형상이 되었다. 김현이 숲에서 나와 호랑이를 잡았노라고 말하자 사람들이 모두 기뻐했는데, 김현은 그 내막에 대해서는 한마디도 하지 않았다.

그는 벼슬길에 나가자마자 바로 서천 가에 절을 짓고 '호원사(虎原寺)'라 이름하였다. 이 절에서 항상 '범망경(梵網經)'을 설법하게 하여 호랑이 처녀의 저승길을 인도하고, 처녀의 은혜에 보답하고자 했다.

김현은 죽을 즈음에 이르러 자신이 겪은 이야기를 글로 적었다. 세상 사람들이 드디어 이 일을 알게 되어 호랑이 처녀가 살던 숲을 '논호림(論虎林:호랑이가 말한 숲)'이라 불렀다.

왕의 구혼을 거절한 여인

"세상에서 제일 보배롭고
귀한 것은 무엇인지 아십니까?"

홍라녀

중국 흑룡강성에는 경박호(鏡泊湖)라는 큰 호수가 있다. 화산 폭발로 생긴 호수로는 세계 최대급으로 남북으로 45킬로미터, 동서로 6킬로미터에 달한다.

이 호수에는 발해 때의 아름다운 여인 홍라녀(紅羅女)의 전설이 서려 있다.

홍라녀는 어부의 딸로 얼굴은 봄날의 복숭아꽃처럼 아름답고 허리는 실버들처럼 가늘었으며 살결은 백설처럼 희었다. 그녀는 인삼즙으로 하얗게 물들인 면 저고리에 인삼꽃으로 붉게 물들인 우단(벨벳) 치마를 입고 다녔다. 아침 노을보다 붉은 치마 때문에 그녀는 홍라녀라고 불리게 되었다.

이때 발해의 늙은 왕이 아름다운 여인을 맞이하기 위해 금거울을 만들었다. 백설공주의 계모는 마법의 거울에 질문을 해서 세상에서 제일 아름다운 여인을 찾았는데, 이 거울도 가장 아름다운 여인만이 모습을 비출 수 있는 요술을 가지고 있었다고 한다. 발해의 이름난 도사가 이 금거울을 가지고 발해의 5경 15부 62주 130현을 돌아다니며 천하에서 가장 아름다운 여인을 찾았다. 하지만 거울에 모습을 드러내는 여인은 하나도 없었다.

도사가 마침내 경박호에 도착해서 홍라녀를 만나게 되었다.

"도사님, 그 아름다운 금거울은 뭔가요?"

"이리 와 보시오. 거울을 가까이서 들여다보시오."

홍라녀가 가까이 와서 금거울을 들여다보니 드디어 금거울에 그녀의 얼굴이 나타났다. 금거울에 한 번 새겨진 얼굴은 사라지지 않았기 때문에 도사는 금거울을 가지고 왕경으로 돌아가 왕에게 그것을 바쳤다.

"이 여인은 어디 사는 누구인고?"

왕이 물었다.

"경박호에 사는 홍라녀입니다."

왕은 당장 경박호로 행차를 했다. 하지만 홍라녀는 국왕을 보고 황송해하지 않았다.

"나는 그대를 왕비로 맞이하고자 한다. 어서 나를 받들라."

홍라녀는 대번에 왕의 청을 거절했다.

"저는 부귀영화를 원하지 않으며 권세를 두려워하지 않습니다."

"그렇다면 무엇을 원하는가? 나는 무엇이든지 해 줄 수 있다."

홍라녀가 코웃음을 쳤다.

"세상에서 제일 보배롭고 귀한 것이 무엇인지 아십니까? 그것을 말씀해 주시면 왕비가 되겠습니다."

왕은 그것이 무엇인지 알지 못했다. 우물쭈물하고 있자 홍라녀는 뒤돌아서서 경박호의 폭포 속으로 들어가 버렸다. 왕은 그래도 떠나지 못하고 폭포 속으로 들어간 홍라녀를 바라보았다. 홍라녀는 폭포 뒤에서 머리를 숙인 채 우단을 짜고 있었다. 왕은 차마 그녀를 두고 자리를 뜰 수 없었지만 노쇠한 체력이 그의 소망을 꺾었다. 왕은 물러나 병사를 세워 홍라녀를 지키게 했다.

"오직 한 사람만이 지켜서야 하며 두 사람이 보아서는 안 된다."

왕은 그렇게 명을 내렸다. 1년의 시간이 흐르도록 왕은 세상에서 제일 보배롭고 귀한 것이 무엇인지 깨닫지 못했고, 결국 늙어 죽고 말았다.

홍라녀의 전설은 매우 다양해서 홍라녀가 발해왕의 공주로 나오는 것도 있다. 공주 이야기 중 하나는 이러하다.

늙은 발해왕에게 아름다운 공주가 있어서 애지중지했다. 홍라 공주가 장성하여 부마를 맞이하기 위해 훌륭한 청년들을 불러 모았다. 최종 후보로 두 명의 청년이 뽑혔다. 모두 훌륭한 무사였는데, 한 사람은 부잣집 도련님이었고, 다른 한 사람은 높은 관리의 아들이었다. 홍라 공주는 이들 앞에서 퉁소를 불었는데 두 사람은 모두 음악에는 문외한이어어서 별 반응을 보이지 않았다. 홍라 공주는 이들을 모두 물리쳤다. 어느 날, 놀러간 경박호에서 젊은 어부를 만났는데 이 어부는 음률을 아는 사람이어서 두 사람은 깊은 정이 들었다. 하지만 발해왕은 이 결혼을 반대했고 홍라 공주는 그 때문에 병이 나 죽고 말았다. 그녀의 시신은 경박호의 경박 폭포에 안장되었다.

홍라녀의 전설은 모두 13종이나 되고 각기 다 이야기가 다르다. 공통점은 경박호를 배경으로 하고 있다는 점뿐이다. 어떤 때는 발해를 구한 여걸로, 발해를 다스린 여왕으로 나오기도 하고 그저 어부의 딸로 어부와 결혼해서 살다가 불행한 최후를 맞는 이야기도 있다.

처음 이야기는 전해져 오는 전설에 약간 변형을 가해 본 것이다.

우리도, 과연 세상에서 제일 보배롭고 귀한 것이 무엇인지 한번 생각해 보는 것도 의미 있을 것 같다.

꿈으로 맺어진 인연

"이 여자가 네 부인이다. 너희 집의 큰 복이 되리라."

정효준의 아내

조선 중기의 무관이었던 이진경에게는 명문가의 자제이나 과거에 합격하지 못해 백면서생으로 지내는 친구가 하나 있었는데, 이름은 정효준이라고 했다. 총명하기 이를 데 없는 사람이었으나 서른이 한참 넘어서도 급제를 하지 못했다.

정효준은 어찌나 운이 없는지 결혼만 하면 아내를 일찍 여의었다. 세 명의 아내를 잃고 딸만 둘이 있는 홀아비 신세였다.

"자네도 새장가를 가야 하지 않겠나?"

"어디 그럴 처지가 되기나 하나? 그런데 참 그 말을 들으니 내가 참 묘한 꿈을 꾸었던 일이 생각나는군."

"무슨 꿈인가?"

"아직 장가가기 전에 꾸었는데, 꿈에 한 도인이 나를 어디론가 데려갔는데 거기에 자줏빛 옷을 입은 아름다운 여인이 있었네. 도인이 그 여인을 가리키며 '이 여자가 네 부인이다. 너희 집의 큰 복이 되리라'라고 말하지 않겠는가?"

"그래? 그 여인은 만났는가?"

"내가 부인을 셋이나 겪었는데 아무도 그 여자는 아니었다네."

"그럼 아직도 자네는 짝을 못 만났다는 말 아닌가?"

"허허, 그럴까?"

그냥 농담 같은 이야기라 생각하고 웃고 말았는데, 그날 이진경의 집에서는 다른 일이 벌어졌다.

그에게는 눈에 넣어도 아프지 않을 딸이 하나 있었다. 일본의 재침이 있었던 정유년(1597년)에 태어났다. 어려서 얌전하고 품행이 발랐으며 머리도 뛰어나 다른 사람이 글을 읽는 소리만 듣고도 그 뜻을 이해했다.

그 딸이 아버지한테 와서 자신이 꾼 꿈 이야기를 했다.

"사랑채에 놀러 온 정 아저씨가 제게 알을 다섯 개 주었습니다. 제가 그 알을 치마에 받자 알에서 용 다섯 마리가 나왔습니다."

잠시 생각에 잠겼던 이진경이 딸에게 물었다.

"너도 이제 열일곱이니 시집갈 나이가 되었구나. 그래, 정 아저씨가 평소 어찌 보이더냐?"

딸은 대답을 하지 못하고 얼굴만 발그레해졌다. 다음 날, 이진경은 정효준을 불러서 같이 장기를 두었다. 한참 판이 흥미진진해지는데 이진경이 느닷없이 정효준에게 말을 건넸다.

"우리 집에 장가를 들면 어떻겠나?"

"나이가 서른일곱인데 아직 등과도 못 한 가난한 집안의 몸이 어찌 그런 생각을 하겠는가?"

이진경은 딸의 꿈 이야기를 들려주고 정효준과 딸을 맺어 주었다. 정효준이 그러고 나서 집안을 살펴보니 바로 꿈에 보았던 그곳이라는 것을 알 수 있었다. 혼인하던 날 정효준의 딸을 보니 어려서 보았던 모습은 사라지고 성숙한 여인이 서 있었는데, 바로 꿈에서 보았던 그 여인이었다.

집안에 똑똑한 여인이 들어오자 살림이 안정되었다. 정효준은 죽기 살기로 공부에 매달려 5년 후에 드디어 사마시에 급제하여 성균관 유생이 되었다.

그러나 하필 이 때에 광해군이 인목대비를 폐위하는 일이 벌어졌다. 정효준은 성균관 유생들과 함께 그 부당함을 상소했는데, 이이첨에 의해 과거 응시 자격을 박탈당해 버렸다. 이이첨이 정효준을 해치려고 했기 때문에 정효준은 아내 사이에 얻은 네 아들도 둔 채 도피 생활을 해야 했다.

인조반정 후에야 돌아올 수 있었는데, 이때도 연줄에 의지하려 하지 않아서 높은 관직에 나아갈 수는 없었다. 아내와 금슬은 여전히 좋아서 쉰아홉에 늦둥이 아들을 또 얻었다. 이들 5형제는 모두 과거에 급제하여 관직에 나갔다.

아들들을 가르친 것은 아내였다. 아내는 어려서 외운 책을 입으로 가르쳤고 엄하게 아들들을 단속했다. 전처의 딸들도 알뜰히 보살폈다. 아들들은 모두 급제했지만 사위가 급제하지 못해 마음 아파 했다.

늦둥이 막내는 스물아홉에 급제를 했는데, 정효준의 아내는 그것을 기다렸던 모양으로 그다음 해 68세의 나이로 세상을 떠났다.

아내가 죽은 지 1년 후, 89세의 나이로 정효준도 행복한 일생을 마쳤다. 모든 사람이 부러워한 그의 삶은 아내가 일으켜 준 것이었다.

정효준과 그의 아내 이야기는 〈기문총화〉라는 야담집에 전하는데, 여기서는 정효준의 나이를 열 살 올려서 47세로 소개하고 있다. 이들의 출생 연대는 다른 기록에서도 찾아볼 수 있기 때문에 〈기문총화〉가 잘못되었음은 금방 알 수 있다.

프랑스로 간 무희, 그 이면의 진실

"그녀의 이야기가 사실일 가능성은?"

리진

이것은 조선 말, 고종 때 벌어진 일이다.

궁중에 속한 무희 중에 빼어나게 예쁜 무희가 있었다. 서양인의 눈으로 봐도 미인이었다. 어느 젊은 프랑스 대리공사가 이 우아하고 매혹적인 무희에게 빠져들었다.

대리공사는 고종에게 여인을 내려 달라고 청했고, 고종은 너그럽게 허락했다. 무희는 노비 신분이기 때문에 왕명에 따라서 프랑스 대리공사를 따라야만 했다. 대리공사는 임기를 마치고 프랑스로 귀국할 때 사랑하는 무희도 데리고 떠났다. 무희의 이름은 '리진'으로 그 뜻은 '영혼의 꽃'이었다.

프랑스 공사는 리진의 맑고 깊은 눈을 보며 말했다.

"나는 그녀와 결혼하겠습니다."

대리공사는 프랑스에서 리진과 결혼했다. 하지만 리진은 유럽에 적응하지 못하고 수척해져 가기만 했다. 리진은 지적으로 뛰어난 사람이었다. 낯선 유럽에서의 삶은 그녀를 갉아먹었다. 유럽 여인들에 비해 왜소한 신체적 열등감이 그녀를 덮쳤다. 가련한 여인은 여위어서 소파에 쪼그려 앉아 있을 때면 원숭이에게 여자 옷을 입힌 것처럼 보일 정도였다고 한다.

대리공사는 다시 조선에 부임하게 되었다. 그에 부인인 리진도 함께 조선으로 돌아왔다. 그 사실을 알게 된 리진의 옛 주인인 높은 벼슬의 관리가 그녀를 되찾겠다고 주장했다. 리진은 여전히 노비 신분이었던 것이다. 조선은 왕이라 해도 이 강고한 신분을 바꿀 힘이 없었다. 결국 리진은 전 주인에게 귀환해야만 했다.

대리공사는 비겁하게 리진을 포기했다. 그는 어떠한 저항도 하지 않았다. 리진은 궁중 무희로 돌아가야만 했다. 이미 유럽의 문명을 경험한 리진은 궁중 생활을 견딜 수 없었고, 끝내 금 조각을 삼키고 자살하고 말았다.

이 이야기는 2대 주한 프랑스 공사였던 이폴리트 프랑댕과 끌라르 보티에가 공저한 책에 나오는 것이다. 매력적인 이야기라서 소설가 김탁환과 신경숙에 의해서 거의 동시에 소설로 나오기도 했다.

이 글에서 프랑스 대리공사가 누구인지 이름이 나오지 않는다. 하지만 두 소설 모두 이 사람을 초대 주한 프랑스 공사, 빅토르 콜랭 드 플랑시로 지목했다. 플랑시는 가장 오래된 금속 활자본 〈백

운화상초록불조직지심체요절〉을 프랑스로 가져간 걸로 유명하다.

하지만 플랑시가 저 이야기의 주인공일 가능성은 거의 없다. 리진이라는 이름이 영혼의 꽃이라는 한자가 되기도 어렵다. 역사학자 주진오 교수는 〈파리의 조선 무희 리진의 역사성〉이라는 논문에서 리진의 이야기가 사실일 가능성이 거의 없다는 것을 설명하고 있다.

노비 신분의 무희를 프랑스 공사에게 하사해서 그의 부인이 된 여자를 다시 무희 신분으로 되돌린다는 것도 말이 되지 않는다. 저만한 사건이라면 당시 세상을 떠들썩하게 만들었을 것이지만 이 이야기는 오직 프랑스 공사의 글에만 등장한다.

더구나 그 고관으로 지목되는 사람은 김옥균의 암살범이자 최초의 프랑스 유학생인 홍종우다. 하지만 홍종우는 가난한 집안에 태어나 고학으로 프랑스까지 갔으며 그곳에서도 많은 고생을 하며 지냈다. 그가 출세한 것은 김옥균을 암살했던 것 때문이다. 그가 무희 리진의 주인이었을 가능성은 전혀 없다.

이폴리트 프랑댕은 조선에 호의적인 사람이 아니었고, 그가 쓴 책에는 조선에 대한 비하의 감정이 가득하다. 그가 이런 이야기를 창작한 것은 방황하는 가련한 여인을 등장시켜 미개한 동양 국가를 소개하고자 했던 것이다. 철저한 오리엔탈리즘에 입각한 이야기라 하겠다.

그러나 만들어진 이야기도 충분히 예술가의 가슴에 불꽃을 일으킬 수 있다. 그렇게 해서 김탁환의 '리심', 신경숙의 '리진'이라는 새로운 인물을 소설 속에서 창조하고 생명력을 부여했다. 조선 말의 상황과 맞물려 써 내려간 두 소설은 문학으로서의 가치를 지니고 있다. 다만 그 주인공이 역사의 실존 인물이 아닐 뿐이다.

소설이 역사적 사실을 모두 따를 필요는 없다. 다만 그렇기 때문에 스스로 역사책처럼 굴 필요도 없는 것이다. 상상의 이야기를 썼으니 상상의 이야기를 썼다고 하면 되는 것을 왜들 자꾸 숨겨진 역사의 비밀을 찾아내었다고 하는지 알 수가 없다.

참고 목록

참고 문헌
〈경국대전〉
〈계서야담〉
〈기문총화〉
〈고려사〉
〈대동운부군옥〉
〈동사강목〉
〈미암일기〉
〈삼국사기〉
〈삼국유사〉
〈숭양기구전〉
〈신증동국여지승람〉
〈어우야담〉
〈연려실기술〉
〈용재총화〉
〈조야첨재〉
〈천예록〉
〈청구야담〉

참고 도서
김용선, 〈역주 고려묘지명집성(상)〉, 한림대학교출판부, 2012
김응조, 〈수의당 주옥경〉, 천도교여성회본부, 2005
박재섭, 〈나의 사랑 혜련에게〉, 소화, 1999
야마다 쇼지, 〈가네코 후미코〉, 산처럼, 2017
윤유석, 〈내 몸뚱이는 샘골과 조선을 위한 것이다〉, 안산시, 2010
이능화, 〈조선해어화사〉, 동문선, 1992

참고 논문

김건곤, 〈신라 수이전의 작자와 저작배경〉, 정신문화연구34, 1988

김영미, 〈황진이 일화의 주젯소 연구 – 모본 자료를 중심으로〉, 국어문학71, 2009

김지용, 〈매창문학연구〉, 수도여사대논문집6, 1974

김창현, 〈고려시대 천추태후와 인예태후의 생애와 신앙〉, 한국인물사연구5, 2006

노동은, 〈식민지 근대화와 신여성 최초의 여가수 윤심덕〉, 역사비평19, 1992

박정애, 〈소문과 진실:나혜석과 이광수〉, 나혜석연구2, 2013

신수정, 〈고려시대 공예태후의 지위와 역할〉, 한국학보119, 2005

신수정, 〈자매간 왕비가 된 장경왕후 김씨, 광정태후 김씨, 선정태후 김씨〉, 사학연구131, 2018

윤정란, 〈일제강점기 박자혜의 독립운동과 독립운동가 아내로서의 삶〉, 이화사학연구38, 2009

임주탁, 〈시조 대중화의 한 양상 – 홍랑과 〈묏버들〉을 대상으로〉, 고전문학연구48, 2015

주진오, 〈파리의 조선 무희 리진의 역사성〉, 역사비평93, 2010

홍나래, 〈사방지 스캔들로 본 욕망과 성, 그에 대한 질서화 방식〉, 구비문학연구38, 2014

참고 인터넷사이트

조선왕조실록 : http://sillok.history.go.kr/

한국고전종합DB : https://db.itkc.or.kr/

한국사데이터베이스 : http://db.history.go.kr/

잠깐 동안 봄이려니

1판 1쇄 인쇄 2021년 2월 9일
1판 1쇄 발행 2021년 2월 12일

지은이 | 이문영
발행처 | 도서출판 혜화동
발행인 | 이상호
편집 | 이연수
주소 | 서울특별시 강서구 공항대로 237, 1108호 (07803)
등록 | 2017년 8월 16일 (제2017-000158호)
전화 | 070-8728-7484
팩스 | 031-624-5386
전자우편 | hyehwadong79@naver.com

ISBN 979-11-90049-21-4   03910

ⓒ 이문영 2021

* 책값은 뒤표지에 있습니다.
* 잘못된 책은 바꾸어 드립니다.